AI 애널리스트 대 휴먼 애널리스트

인공지능총서

인공지능 시대입니다. 기계가 인간의 인지를 대신하고, 사물이 인간을 통하지 않고 다른 사물과 직접 커뮤니케이션합니다. 이에 따른 인간 삶과 문명 변화를 정확히 이해·예측·대응하는 것은 이 시대 우리 모두의 과제입니다. 인공지능총서는 인공지능 기술과 환경의 여러 주제를 10가지 키워드로 정리합니다. 관련 개념과 이론, 학계와 산업계의 쟁점, 우리 일상의 변화를 다룹니다. 인간과 기술의 현재, 미래를 세심히 분석합니다.

일러두기

- 인명, 작품명, 저서명, 개념어 등은 한글과 함께 괄호 안에 해당 국가의 원어를 병기했습니다.
- 외래어 표기는 현행 어문규정의 외래어표기법을 따랐습니다.

처음이세요?

전문가세요?

AI 애널리스트 대
휴먼 애널리스트

박재훈

대한민국, 서울, 커뮤니케이션북스, 2025

AI 애널리스트 대 휴먼 애널리스트

지은이 박재훈
펴낸이 박영률

초판 1쇄 펴낸날 2025년 9월 30일

커뮤니케이션북스(주)
출판 등록 2007년 8월 17일 제313-2007-000166호
02880 서울시 성북구 성북로 5-11
전화(02) 7474 001, 팩스(02) 736 5047
commbooks@commbooks.com
www.commbooks.com

ISBN 979-11-430-0924-1 03500

책값은 뒤표지에 표시되어 있습니다.

차례

투자 분석 업무를 혁신하는 AI

시장은 왜 항상 분석보다 먼저 움직이는가

나는 투자 리서치를 30년간 하며, 늘 한 가지 질문을 마음속에 품고 있었다. '왜 분석은 항상 시장보다 늦게 반응하는가?'

처음 증권사에 입사했을 때 나는 리서치가 투자자의 등불이 될 수 있다고 믿었다. 투자자들에게 정확한 정보를 제공하고, 객관적인 판단을 도와주는 일. 그것이 리서치의 존재 이유이자 나의 직업적 사명이었다. 그러나 시간이 흐를수록 나는 냉혹한 현실과 마주하게 되었다.

많은 투자자는 정보의 부족이 아니라 정보를 어떻게 해석하느냐의 문제로 손실을 보고 있었다. 아무리 좋은 리포트가 있어도 그것을 언제, 어떻게 활용하느냐에 따라 결과는 완전히 달랐다. 나 역시 그런 장면을 수없이 목격했다. 실제로 수많은 투자자가 손실로 인해 가정이 무너지고 건강을 해치는 상황을 겪었다. 이런 모습을 볼 때마다 그들을 돕고 싶었던 마음은 오히려 무력감으로 바뀌고는 했다.

특히 1990년대 말에 외국인 투자자들이 대거 유입되면서 분석의 패러다임이 바뀌기 시작했다. 현금 흐름 할인(DCF, Discounted Cash Flow) 모델, 경제적 부가 가치(EVA, Economic Value Added) 분석, 상대 가치 평가(Relative Valuation) 등 새로운 기법들이 도입되었고, 나도 밤낮없이 공부하며 그 기법들을 따라잡으려 애썼다. 하지만 정교한 모델을 만들수록 시장과의 괴리는 더 커져 갔다. 1997년 IMF 외환 위기 때는 더욱 뼈아픈 경험을 했다. 펀더멘털(Fundamental) 분석으로는 설명할 수 없는 폭락장이 이어졌고, 우량주라 믿었던 기업들이 하나둘 무너져 내렸다.

이후 2000년 초반에 나는 무력한 상황을 돌파하기 위해 자산 운용사로 자리를 옮겼다. 리서치만으로는 충분하지 않다고 느꼈기 때문이다. 직접 운용을 하며 투자 이론을 검증하고, 실전 수익을 만들어 보자는 생각이었다. 초반에는 성과가 좋았다. 과거 경험과 이론적 분석이 시장에 적중했고, 운용 리포트도 자신 있게 제출할 수 있었다. 그러나 그런 흐름은 3년을 넘기지 못했다. 수익률은 하락했고, 전략은 점점 통하지 않았다. 나는 스스로에게 물었다. "무엇이 달라진 걸까?"

변화하는 시장, 변하지 않는 분석 도구

1990년대 말, 나는 IMF 이후 급변하던 시장에서 전략을 짜고 있었다. 당시 시장은 비교적 단순한 구조였고, 기업 실적이나 거시 경제 지표가 일정하게 주가에 반영되었다. 하루하루 시장을 분석하고, 리포트를 내면 투자자들은 이를 반영해서 매매했고, 실제 수익률에도 긍정적인 영향을 줄 수 있었다. 분석이 곧 전략이었던 시대였다.

하지만 2000년대 초반에 들어 과거의 분석 툴을 그대로 적용했을 때 시장이 다르게 반응했다. 묘하게 분석이 맞지 않기 시작했다. 처음에는 나의 실수이거나 일시적인 현상이라 생각했다. 그러나 그것은 일시적이 아니었다. 분석이 반복적으로 빗나가면서 리서치의 신뢰도도 흔들렸다. 나는 그 원인이 무엇인지 오랜 시간 고민했다.

2000년대 들어 한국 증시에는 큰 변화가 찾아왔다. 코스닥(KOSDAQ, Korean Securities Dealers Automated Quotations) 거품이 꺼지고, 닷컴 기업들이 무더기로 사라졌다. IT(Information Technology) 섹터 전문 애널리스트(Analyst)들이 하루아침에 커버하는 기업의 절반이 상장 폐지되는 것을 지켜봐야 했다. 시장은 더 이상 꿈과 비전만으로 움직이지 않았다. 수익성과 현금 흐름이 중요해졌고, 가치 투자가 대세가 되었다. 하지만 이것도

잠시, 2003년부터는 다시 성장주 장세가 시작되었다. 시장의 변덕은 점점 심해졌고, 어제의 정답이 오늘의 오답이 되는 일이 반복되었다.

특히 2008년 글로벌 금융 위기는 내게 큰 충격을 안겨주었다. 서브프라임(Subprime) 모기지(Mortgage) 사태가 한국 시장에 미칠 영향을 분석해서 펀드 운용에 적용하느라 밤을 새웠지만 실제 충격은 예상을 훨씬 뛰어넘었다. 코스피(KOSPI)가 2000포인트에서 900포인트대로 폭락하는 동안 내가 할 수 있는 일은 거의 없었다. 펀더멘털이 튼튼하다고 평가했던 기업들도 유동성 위기에 직면했고, 환율은 하루에 수십 원씩 요동쳤다. 그때 깨달았다. 시장은 이성적 분석의 영역을 넘어서는 거대한 심리의 덩어리라는 것을.

결국 나는 한 가지 명백한 사실을 깨달았다. 시장 참여자가 바뀌면 시장 자체가 바뀐다는 점이다. 1990년대 말 닷컴 거품을 주도했던 투자자들은 거품 붕괴 이후 시장에서 사라졌고, 그 자리를 새로운 참여자들이 채웠다. 세대가 바뀌었고 투자자들의 경험과 심리 구조도 완전히 달라졌다. 시장에 존재하는 심리가 달라졌기 때문에 과거의 분석이 더 이상 통하지 않게 된 것이다.

2010년대 들어서는 개인 투자자들이 대거 시장에 참

여하기 시작했다. 특히 2020년 팬데믹 이후에는 '동학개미'라 불리는 새로운 투자 세력이 등장했다. 이들은 기관투자자와는 전혀 다른 투자 패턴을 보였다. 기업의 재무제표보다는 미래 비전을, 안정성보다는 성장 가능성을 중시했다. 테슬라(Tesla)나 게임스톱(GameStop) 같은 해외 주식에도 과감하게 투자했고, 전통적인 가치 평가 기준을 무시했다. 핀테크(Fintech) 기업에서 투자 알고리즘을 개발하던 나는 30년간 체득한 분석 기법으로는 이들의 행동을 예측할 수 없었다.

시장은 사람들의 집합적인 심리가 반영된 결과물이다. 한 세대의 투자자들이 특정 논리로 시장을 움직였고, 그들이 떠난 자리에 또 다른 세대가 들어왔다. 새로운 세대는 전혀 다른 관점과 가치를 가지고 있었고, 그로 인해 시장은 또 다른 언어를 사용하기 시작했다. 과거의 분석 도구는 더 이상 그 언어를 해석할 수 없었다. 이것이 내가 과거의 리서치 전략이 통하지 않았던 이유였다.

특정 시기에는 분석이 잘 맞는다. 하지만 그것이 영원할 수는 없다. 시장은 항상 앞서 움직인다. 리서치는 정답이 아니라 해석이다. 해석은 시대와 사람에 따라 달라질 수밖에 없다. 그래서 리서치가 완벽할 수 없다는 사실을 받아들이는 순간, 나는 다른 질문을 하게 되었다. "그

렇다면 변화하는 시장에 맞춰 분석 도구도 진화할 수 있을까?"

이 질문이 AI를 리서치 및 투자 알고리즘에 도입해야겠다고 결심하게 된 이유였다.

알고리즘과 자동화는 해답이 될 수 있는가

자산 운용사에서 겪은 반복적인 실패는 나에게 또 다른 결심을 하게 만들었다. 인간의 한계를 보완할 수 있는 새로운 투자 방식이 필요하다는 생각을 했고, 그 시도는 '자동화'라는 키워드로 나를 이끌었다. 인간의 주관과 감정을 배제하고, 정량적 데이터와 일관된 로직(logic, 논리)에 기반한 분석 체계를 만들 수 있다면 보다 안정적이고 지속 가능한 투자 결과를 만들어 낼 수 있다고 믿었다.

그 시점에서 나는 기존 금융권을 떠나 핀테크 스타트업(startup)으로 자리를 옮겼다. 대형 증권사의 안정적인 직장을 버리고 불확실한 스타트업으로 간다는 것에 주변에서는 우려의 목소리가 많았다. 하지만 나는 변화가 필요했다. 스타트업에서는 리서치와 운용의 경계를 넘나들며 알고리즘 기반의 투자 로직을 기획 · 개발하고 구현하는 일에 몰두했다. 목표는 명확했다. 시장을 분석하고 해석하는 과정을 사람의 주관이 아니라 사람이 주관하지 않고 시스템으로 처리하자는 것이었다. 이는 단순한 자동화가 아니었다. 투자 판단의 기준을 구조화하고, 판단 과정을 수치화하며, 의사 결정을 알고리즘으로 고정화하는 일이었다.

처음에는 파이선(Python)을 배우는 것부터 시작했다. 50대 중반의 나이에 코딩을 배운다는 것이 쉽지 않았지만 새로운 도구를 익히는 것에 대한 열정이 있었다. 젊은 개발자들과 밤새 토론하며 투자 전략을 알고리즘으로 구현했다. 모멘텀 전략(Momentum Strategy), 페어 트레이딩(pair trading), 평균 회귀 전략 등 다양한 정량 기법(Quantitative Analysis)들을 한국 시장에 적용해 보았다. 초기에는 상당한 기대를 걸었다. 시장을 수치화하고 전략을 공식화한 다음 과거 데이터를 기반으로 성과를 검증하는 '백테스트(back test)'라는 절차는 매우 강력하게 보였다. 마치 과거의 정답을 해독하는 비밀 열쇠처럼 느껴졌다.

데이터 기반으로 설계된 전략은 이론적으로도 정합성이 있었고, 결과 역시 매우 인상적이었다. 단 한 번도 손실을 기록하지 않는 전략, 연평균 두 자릿수 수익률을 기록하는 포트폴리오(Portfolio)도 구현할 수 있었다. 2010년부터 2015년까지의 데이터로 백테스트를 하면 샤프 비율(Sharpe Ratio, 위험 조정 수익률 지표)이 2를 넘는 전략들이 수두룩했다. 과거 데이터를 기준으로 보면 이 전략들은 그야말로 완벽해 보였다.

그러나 이내 문제는 발생했다. 실제 시장에서 로직을 적용했을 때 백테스트에서 보았던 수익률은 좀처럼 반복되지 않았다. 성과는 예측보다 낮았고 일부 전략은 오히려 손실을 기록했다. 시장은 백테스트에서처럼 움직이지 않았다. 로직이 적용된 시장 환경 자체가 달라진 것이었다. 백테스트는 과거를 기반으로 설계된 결과일 뿐 미래를 보장해 주지 않았다.

가장 큰 문제는 모든 자동화 로직이 결국 인간의 해석이 필요하다는 점이었다. 전략의 구조, 변수의 선택, 적용 시점의 판단 등은 모두 개발자의 경험과 직관에 의존한다. 즉, 알고리즘은 중립적인 것처럼 보이지만 실제로는 개발자의 시각이 담긴 '의견'의 집합일 수 있다. 시스템은 감정을 배제하지만 설계자는 감정과 관점을 완전히 배제할 수 없다. 여기서부터 알고리즘의 허점이 발생하기 시작한다.

또 하나의 제한은 로직이 지나치게 정형화된다는 점이다. 시장은 살아 있는 생명체와 같아 수시로 구조가 바뀐다. 그러나 알고리즘은 과거의 데이터를 기반으로 고정된 규칙을 적용하기 때문에 새로운 환경에 적응하는 데 시간이 걸린다. 어떤 전략은 특정 시기에는 탁월하지만 시계열을 넘어서는 순간 무력해진다. 알고리즘은 정확하지만 융통성이 없고, 빠르지만 민감하지 않다.

예를 들어, 팬데믹 이후 유동성 환경이 급변하면서 '가치주(value stock)'의 수익률은 급락했고, 로직은 거의 작동하지 않았다. 이유는 간단하다. 시장 참여자들의 우선순위가 바뀐 것이다. 가치보다 성장, 안정보다 기대가 우선되는 국면에서는 과거 가치 지표는 예외적 상황에 놓이게 된다. 이럴 때 기존 알고리즘은 시장을 오히려 잘못 해석하게 된다.

특히 한국 시장의 특수성은 알고리즘 투자를 더욱 어렵게 만들었다. 대주주 지분율이 높고, 순환 출자 구조가 복잡한 한국 기업들은 단순한 재무 지표로는 평가하기 어려웠다. 또한 정책 변화나 규제 리스크가 주가에 미치는 영향이 커서 정량적 분석만으로는 한계가 있었다. 2022년 이후 한국 정부의 '기업 가치 제고 정책'이 시장에 큰 영향을 미쳤지만 이런 정책적 변화를 알고리즘이 미리 예측하기란 불가능했다.

이러한 경험은 나에게 "로직도 결국 과거에 대한 해석일 뿐이며, 미래의 변화에는 취약하다"는 중요한 교훈을

남겼다. 투자 로직을 세우는 과정에서 우리는 수많은 가정과 조건을 적용한다. 하지만 시장은 그 어떤 조건에도 순응하지 않는다. 변수는 예측할 수 없을 만큼 많고, 인간의 심리는 통계적 분포로 환원되지 않는다. 알고리즘은 과거를 정리하는 데 유용할 수 있지만 미래를 개척하는 데는 부족한 점이 있다.

결국 나는 다시 질문하게 되었다. "과거의 데이터로 미래를 예측할 수 없다면 우리는 무엇을 기준으로 투자 전략을 세워야 하는가?" 그리고 여기서부터 나는 인간과 시스템, 주관과 자동화, 경험과 학습 사이의 균형을 고민하기 시작했다. 이때 나의 관심을 끌기 시작한 것이 바로 AI(Artificial Intelligence), 특히 인간의 언어와 논리를 학습하는 '대형 언어 모델(LLM, Large Language Model)'이었다.

생성형 AI와의 만남이 가져온 전환점

2022년 말, 나는 마치 새로운 세계의 문을 여는 듯한 경험을 하게 되었다.

LLM을 기반으로 한 생성형 AI 기술이 급속히 확산했고, 그중 대표적인 한 도구를 직접 사용해 보면서 나는 근본적인 질문과 마주하게 되었다. 처음에는 단순한 텍스트 생성 도구라고 생각했다. '조금 말 잘하는 챗봇' 정도로만 여겼다. 그러나 실제로 활용해 본 생성형 AI는 그 수준을 훨씬 뛰어넘는 존재였다. 단순히 말을 예쁘게 하는 도구가 아니라 사고하고 구성하며 판단하는 능력을 갖춘 도우미였다.

나는 곧바로 이 기술을 종목 선정에 접목해 보기 시작했다. 가장 먼저 시도한 것은 기업 실적 발표 자료 요약이었다. 수십 장에 이르는 IR(Investors Relation) 자료를 생성형 AI는 몇 초 만에 정리해 주었다. 단순한 요약이 아니라 핵심 메시지를 구조화하고, 변화 포인트를 구분하며, 이전 분기와 비교해 어떤 부분이 강화되거나 약화했는지를 추론까지 해 냈다. 이건 단순한 텍스트 처리기가 아니었다. 인간의 분석 사고를 모방하는, 경우에 따라서는 초월하는 도구였다.

특히 인상적이었던 것은 한국어 처리 능력이었다. 과거에는 한국어 자연어 처리가 영어에 비해 현저히 떨어졌지만 최신 LLM은 한국 기업들의 복잡한 사업 보고서도 정확히 이해했다. 삼성전자의 반도체 부문 실적을 분석하거나 SK하이닉스의 메모리 사업 전망을 정리할 때 AI는 마치 숙련된 애널리스트처럼 핵심을 짚어 냈다. 심지어 한국 특유의 재벌 구조나 순환 출자 관계까지 이해하고 있었다.

다음으로는 포트폴리오 리스크 분석과 자동 보고서 생성에 적용해 보았다. 과거에는 포트폴리오 매니저가 수십 개 종목의 리스크를 일일이 계산하고, 상관관계를 분석하며, 시나리오별 손실 가능성을 평가한 뒤 보고서로 정리하는 데 며칠이 걸렸다. 그런데 AI는 이 모든 과정을 몇 분 만에 처리할 수 있었다. 위험 가치(VaR, Value at Risk) 계산, 스트레스 테스트, 민감도 분석 등 복잡한 리스크 지표들을 실시간으로 산출하고, 그 결과를 LLM이 이해하기 쉬운 문장으로 설명해 자동으로 PDF 보고서를 생성했다.

실제로 국내 주요 대형주 30종목으로 구성된 포트폴리오의 리스크 분석을 AI와 함께 수행해 보았다. AI는 먼저 각 종목의 과거 변동성과 상관관계를 분석했다. 삼성전자와 SK하이닉스의 높은 상관관계, 금융주와 IT주 간의 역상관관계 등을 정확히 포착했다. 그다음 몬테 카를로 시뮬레이션(Monte Carlo Simulation)을 통해 1만 가지 시나리오에서의 포트폴리오 손익을 계산하고, 95% 신뢰 수준에서의 최대 손실 가능액을 산출했다. 놀라운 것은 이 모든 계산 결과를 LLM이 "현재 포트폴리오는 95% 확률로 일일 최대 3.2%의 손실 위험에 노출되어 있으며, 이는 주로 반도체 섹터의 높은 비중(45%)에 기인합니다"와 같이 명확한 문장으로 변환했다는 점이다.

이 경험은 내 사고와 인생을 바꾸는 전환점이 되었다. 지금까지 우리는 시장의 복잡성을 인간의 두뇌와 경험으로 풀어 왔다. 데이터가 아무리 많아도 그 해석은 결국 인간의 몫이었다. 그러나 이제는 그 과정에서 AI가 함께 분석하고 판단하며, 때로는 인간보다 더 일관되게 구조화할 수 있게 된 것이다. 이는 투자 리서치의 속도, 범위, 일관성 측면에서 절대적인 변화였다.

무엇보다 의미 있었던 것은 생성형 AI가 나의 리서치 철학과 분석 스타일까지 반영할 수 있다는 가능성이었다. 내가 중요하게 여기는 지표, 보고서 작성의 스타일, 투자 판단의 우선순위 같은 암묵적 기준을 반영했기에 AI가 나의 리서치 아이덴티티를 공유하는 존재처럼 느껴졌다. 이것은 단순한 도구가 아니라 협업자였다.

한국 금융 업계에도 AI 도입이 가속화되었다. 대형 증권사들은 앞다투어 AI 리서치 시스템을 구축하기 시작했고, 일부 운용사는 AI 기반 펀드를 출시했다. 하지만 대부분은 아직 실험 단계에 머물러 있었다. AI를 단순한 자동화 도구로만 보는 시각이 지배적이었고, 진정한 협업의 가능성을 탐색하는 곳은 많지 않았다. 나는 이것이 한국 금융 업계가 놓치고 있는 큰 기회라고 생각했다.

생성형 AI는 나에게 하나의 신호탄이었다. AI는 리서치를 대체하는 존재가 아니라 리서치를 재정의하는 존재였다.

그때부터 나는 이 질문을 품게 되었다. "앞으로의 리서치는 인간이 하는가, AI가 하는가, 아니면 함께하는가?"

이 책은 그 질문에 대한 하나의 탐색이자 리서치 혁신을 직접 체험한 실무자의 기록이기도 하다.

앞으로의 리서치는 어떻게 달라질 것인가

리서치는 더 이상 과거처럼 단독 작업이 아니다. 데이터의 양은 기하급수적으로 증가했고, 기업 경영 환경은 시시각각 변화하며, 시장 참여자들의 성향도 이전과는 전혀 다른 양상을 보인다. 이런 상황에서 과거와 같은 방식으로만 리서치를 수행하는 것은 점점 비효율적으로 되어 가고 있다. 변화에 뒤처지지 않기 위해서는 리서치 자체의 정의와 접근 방식을 다시 써야 한다.

기존의 리서치 구조는 정형화된 프로세스 위에 서 있었다. 특정 기업을 분석하려면 재무제표를 분석하고, 경쟁사와 비교하고, 산업 내 위치를 파악한 후에 의견을 도출하는 것이 일반적이었다. 이 모든 과정은 사람의 눈과 손을 거쳐야 했고, 상당한 시간과 노동력이 소요되었다. 그러나 지금은 다르다. AI는 이 과정을 단축하고, 구조화하며, 심지어 일정 부분 자동화할 수 있다.

한국 시장에도 이미 변화는 시작되었다. 일부 증권사는 AI가 작성한 리포트를 실제로 배포하기 시작했고, 로보어드바이저(Robo-Advisor)는 개인 투자자들에게 맞춤형 포트폴리오를 제공하고 있다. 하지만 이것은 시작에 불과하다. 앞으로는 AI가 실시간으로 뉴스를 분석하고, 시장 심리를 파악하며, 투자 기회를 포착하는 시대가 올 것이다. 휴먼 애널리스트는 이러한 AI의 분석을 검증하고, 전략적 판단을 내리는 역할로 전환해야 한다.

이런 시대적 전환 속에서 휴먼 애널리스트의 역할은 어떻게 바뀔 것인가? 그 핵심은 '해석과 질문의 질'에 있다. 데이터를 요약하고 패턴을 찾는 일은 이제 AI가 담당할 수 있다. 하지만 어떤 데이터를 보고, 무엇을 질문하며, 어떤 관점으로 해석할 것인가는 여전히 인간의 몫이다. 오히려 AI가 전통적인 반복 업무를 대신하게 됨으로써 인간은 더욱 전략적인 사고와 본질적인 판단에 집중할 기회를 얻게 된다.

예를 들어 보자. 과거에는 리서치 인력이 리포트 작성

을 위해 숫자와 자료를 수작업으로 취합하고 정리하느라 하루의 대부분을 썼다. 그 과정에서 중요한 해석의 여지가 사라지거나 시의적절한 분석이 어려워지는 경우가 많았다. 하지만 이제는 AI가 그 과정을 대신 처리해 주는 환경이 열리고 있다. 정량적 분석이 자동화되면 애널리스트는 더 중요한 질문–예를 들어 "이 숫자 뒤에 숨겨진 의사 결정은 무엇이었는가?", "시장은 이 정보를 어떻게 해석할 것인가?", "이 기업의 전략이 한국 시장의 특수성에 부합하는가?"–에 집중할 수 있다.

특히 한국 시장의 특성상, AI가 완전히 대체할 수 없는 영역들이 있다. 재벌 그룹의 복잡한 지배 구조, 정부 정책의 영향력, 남북 관계 같은 지정학적 리스크, 한국 특유의 투자 문화와 심리다. 이런 요소들은 단순한 데이터 분석으로는 파악하기 어렵다. 30년간 한국 시장을 지켜본 경험과 직관이 여전히 중요한 이유다.

AI를 리서치 동반자로 받아들이는 자세의 전환도 필요하다. 지금까지는 인간이 중심이었고, 기술은 도구에 불과했다. 하지만 지금은 AI가 일정 수준까지 독립적으로 판단하고 글을 쓰며, 논리를 구성할 수 있는 시대다. 이런 변화 속에서 인간은 AI를 활용하는 법을 넘어 AI와 협력하는 방식 자체를 재설계해야 한다. 다시 말해, '보조'가 아니라 '협업'이 되어야 한다.

그렇다면 미래의 리서치 팀은 어떻게 구성되어야 할까? 나는 다음 세 가지가 핵심이라고 생각한다.

첫째, AI와 협업하는 리서치 인력의 재정의다. 데이터 분석 능력과 논리력뿐 아니라 AI의 잠재력을 파악하고 그것을 업무에 통합할 수 있는 사고방식이 요구된다. 단순히 리포트를 작성하는 능력이 아니라 AI가 제시하는 분석 결과를 비판적으로 검토하고 의사 결정에 반영하는 능력이 중요해질 것이다. 젊은 애널리스트들은 코딩 능력과 AI 활용 능력을 갖춰야 하고, 시니어 애널리스트들은 경험과 직관을 AI와 결합하는 방법을 익혀야 한다.

둘째, 리서치 프로세스의 재구성이다. 리서치의 시작부터 끝까지, AI가 개입할 수 있는 지점과 인간이 책임져야 할 지점을 명확히 구분해야 한다. 예컨대, 데이터 수집과 가공은 AI가, 핵심 해석과 리스크 판단은 인간이 맡는 식의 역할 분담이 필요하다. 특히 한국 기업들의 경우 공시 자료의 품질이 들쭉날쭉하고 영어 자료가 부족한 경우가 많아 AI와 인간의 협업이 더욱 중요하다.

셋째, 조직 전체의 문화적 전환이다. AI 기반 리서치는 기존 조직 문화와 충돌할 수 있다. 빠른 속도, 수평적 협업, 유연한 업무 재구성 등을 받아들일 수 있어야 한다. 고정된 보고 체계와 폐쇄적인 정보 흐름은 AI의 효과를 제한할 뿐이다. 한국의 위계적인 조직 문화가 AI 시대에 맞게 변해야 하는 이유다.

결국 이 모든 변화의 핵심은 하나다. 앞으로의 리서치는 '정답을 찾는 기술'이 아니라, '더 나은 질문을 던지는 능력'이 될 것이다. AI는 수많은 정보를 정리해 줄 수 있지만 무엇이 중요한지, 어떤 점이 위험한지, 무엇을 놓치고 있는지에 대한 감각은 여전히 사람에게 달려 있다. 리서치의 본질은 여전히 '사람'에 있고, AI는 그 사람의 한계를 넓혀 주는 도구다.

나는 지난 30년간 투자 세계에 몸담아 왔다. 여의도에서 시작해 강남을 거쳐 판교까지, 한국 금융의 중심지를 따라 이동하며 시장의 변화를 목격했다. IMF 외환 위기, 닷컴 버블, 글로벌 금융 위기, 팬데믹까지 숱한 위기를 겪으며 시장의 본질을 배웠다. 그리고 지금, 투자 분석 방식이 근본적으로 바뀌는 현장을 목격하고 있다.

앞으로의 리서치는 더 이상 인간 vs AI의 구도가 아니다. 인간과 AI가 서로의 장점을 극대화하는 협업의 장(場)이 되어야 한다. 인간의 경험과 직관 그리고 AI의 데이터 처리 능력과 일관성이 결합될 때 우리는 시장을 더 깊이 이해하고 더 나은 투자 결정을 내릴 수 있을 것이다.

이 책은 그 협업의 가능성을 독자 여러분과 함께 탐색하는 여정이다. 30년간 한국 시장에서 애널리스트로, 투자 전략가, AI 알고리즘 개발자로 살아온 사람이 AI와 함께 새로운 리서치의 미래를 그려 보는 이야기다. 때로는 실패담도, 때로는 성공 사례도 솔직하게 공유하며, 우리가 나아가야 할 방향을 함께 모색해 보고자 한다.

01
휴먼 애널리스트의 한계와 AI 등장

한국의 증권 리서치는 매도 의견의 부재, 이해관계 얽힘 등으로 객관성을 의심받아 왔다. 애널리스트 리포트는 기업과의 관계, 시장 분위기, 내부 규정 등 다양한 제약에 노출되어 구조적 한계를 드러낸다. 이러한 한계를 극복하고자 AI가 등장했다. AI는 방대한 데이터를 신속하게 분석하고, 인간이 놓칠 수 있는 패턴과 신호를 포착하여 새로운 가능성을 제시한다. 지금, 금융 리서치 현장은 인간과 AI의 경계에서 다시 쓰이고 있다.

기후 위기와 인공지능?

매도 의견 부재와 리서치 신뢰성의 위기

주식 운용 본부장으로 재임하던 시절, 매일 아침 증권사 애널리스트가 발송하는 리서치 보고서를 받아 보았다. 하지만 실제 펀드 운용에서 애널리스트 보고서를 신뢰해 투자 결정을 내리는 일은 점차 줄어들었다. 국내 증권사 리서치 보고서의 신뢰성은 오랜 기간 도마 위에 올랐다. 가장 대표적인 문제는 매도 의견의 부재다. 최근 5년간 국내 증권사에서 발간된 보고서 중 매도 의견은 전체의 0.1%에 불과했다. 같은 기간 외국계 증권사의 매도 의견 비중이 10%에 달한 것과는 큰 차이가 있다(김준석, 2025). 2024년에도 상위 10개 증권사 리서치 센터에서 매도 또는 비중 축소 의견을 낸 리포트는 단 1건에 그쳤다. 반면 외국계 증권사들은 10% 이상의 매도 의견을 꾸준히 유지하고 있다(서진주, 2025).

이러한 현상은 애널리스트의 독립성이 보장되지 않는 구조와 밀접하게 연결된다. 애널리스트는 기업인이 제공하는 자료에 의존하는데 증권사의 주요 고객이 기업인 만큼 부정적 의견을 내기 어렵다. 매도 의견을 낼 경우 종목 분석을 위한 기업 탐방에서 배제되거나 대출 거래 중단 등 실질적인 불이익을 감수해야 한다. 필자도 현업에서 애널리스트로 근무하던 시절, 매도 의견을 낸 뒤 기업 탐방에 초청받지 못한 경험이 있다. 이런 구조적 문제는 목표 주가와 실제 주가 간 괴리율이 높게 나타나는 수치로도 확인된다. 2020년 이후 제시된 목표 주가를 보면 예상 수익률은 평균 36.1%, 예측 오차는 평균 24.5%로 나타났다. 실제 실현된 수익률은 11.5%임에도 36.1%의 수익률이 예상된다는 낙관적인 목표 주가를 제시한 것이다(자본시장연구원, 2025). 금융위원회가 2022년 도입한 '애널리스트 성과공시제'도 실효성을 거두지 못한 채 형식적 절차로 전락했다.

이러한 구조 속에서 애널리스트 보고서는 투자자들에게 신뢰를 잃고 있다. 실제로 2024년 국내 주식 시장에서 전체 종목의 76%가 하락했음에도, 증권사 리포트는 매수 의견 일색이었다(서진주, 2025). 투자자들은 애널리스트의 정보를 신뢰하기 어렵다고 판단하며, 시장의 정보 비대칭과 왜곡 가능성이 커진다. 미국과 유럽 등 선진 자본 시장에서는 금융 위기 이후 애널리스트의 책임과 보고서의 객관성 기준을 강화했으나 국내에서는 제도적 보완에도 불구하고 요식 행위에 그치는 경우가 많았다.

CJ E&M 사건과 구조적 불신의 심화

애널리스트 보고서에 대한 신뢰도에 결정적 타격을 준 대표적 사건이 바로 2013년 CJ E&M 실적 정보 사전 유출 사건이다. 당시 CJ E&M IR 담당 직원이 결산 실적이 예상보다 저조하다는 정보를 친분이 있던 3개 증권사 애널리스트에게 미리 알렸다. 이 애널리스트들은 곧바로 펀드 매니저(fund manager) 등 기관 투자가들에게 해당 정보를 전달했다. 펀드 매니저들은 이 정보를 바탕으로 보유하고 있던 CJ E&M 주식을 대량으로 처분했고, 그 결과 주가는 이틀 만에 10% 이상 폭락했다. 이 과정에서 기관 투자가들은 약 2500억 원어치의 주식을 매도해 손실을 피했다. 반면, 정보를 알지 못한 개인 투자자들은 급락한 가격에 주식을 매수해 피해를 입었다(동아비즈니스리뷰, 2016).

이 사건은 애널리스트와 펀드매니저 간 정보 비대칭과 프론트 러닝(front running, 선행 매매), 그리고 보고서 신뢰도에 대한 구조적 불신을 극명하게 보여 준 사례로 남았다. 사건 이후 금융당국은 애널리스트와 펀드 매니저 간의 정보 공유 관행, 이른바 '퍼스트콜(First Call)'에 대한 규제를 강화했다(자본시장연구원, 2025). 여러 증권사는 내부 통제 장치를 대폭 손보았으나 현장에서는 여전히 정보 비대칭과 프론트 러닝에 대한 불신이 남아 있다. 실제로 본인이 내가 경험한 현장에서도 특정 중소형주 담당 애널리스트가 "공시 전에만 알려 드릴게요"라며 전화로 내부 정보를 흘리는 경우가 빈번했다. 이러한 구조적 불신은 애널리스트가 분석가가 아니라 영업사원으로 변질되는 현상, 그리고 리서치 센터와 기업 금융(IB, Investment Banking) 부서의 이해관계가 얽히면서 더욱 심화된다. 최근 애널리스트 보상의 상당 부분이 IB 성과와 연동되면서 기업 실적보다 증권사 수수료 수익 창출에 유리한 리포트가 양산되는 구조적 문제가 고착화되고 있다(자본시장연구원, 2025).

이로 인해 개인 투자자들은 증권사 리포트를 신뢰하지 않게 되는 불신의 악순환은 시장 전체의 정보 효율성을 저해하며, 투자자 보호라는 본연의 목적을 훼손한다.

AI 도입 움직임과 새로운 기대

이러한 불신의 위기 속에서 증권사와 금융 기관들은 리서치 보고서의 객관성을 확보하기 위한 해법으로 AI 도입에 주목하고 있다. 특히 2022년 11월, 오픈AI가 챗GPT를 처음 공개하자 'AI가 실제로 리서치 보고서를 작성할 수 있을 것'이라는 기대감이 금융 업계 전반에 확산했다.

챗GPT와 같은 대형 언어 모델(LLM, Large Language Model)은 자연어 이해와 생성 능력이 탁월해 방대한 데이터와 복잡한 시장 정보를 빠르게 분석하고, 분석할 뿐만 아니라 기존 애널리스트가 놓칠 수 있는 패턴과 신호까지 포착할 수 있을 것으로 평가받는다.

실제로 챗GPT는 단순한 챗봇이나 가상 비서 수준을 넘어 투자 가치 분석, 포트폴리오 관리, 신용 평가, 리스크 관리, 내부 통제, 사기 및 위험 탐지, 디지털 콘텐츠 작성 등 다양한 금융 업무에 활용할 수 있다는 연구 결과가 속속 발표되고 있다(Chan-Abrego, 2023). 특히 최근에는 챗GPT가 뉴스 헤드라인(Headline)의 감정을 분석하여 주가 움직임을 예측하거나 과거 거래 내역을 바탕으로 미래의 자산 가격을 예측하는 등 기존의 감정 분석이나 통계적 방법을 능가하는 성과를 보이고 있다(Goover, 2024).

이처럼 챗GPT와 같은 생성형 AI의 등장은 금융 리서치의 신뢰성과 효율성을 동시에 높일 수 있는 새로운 전환점으로 주목받고 있다. 앞으로의 장에서는 챗GPT를 비롯한 AI가 실제로 어떻게 리서치 보고서를 작성하고, 기존 휴먼 애널리스트의 한계를 극복할 수 있는지 그리고 이 과정에서 발생할 수 있는 새로운 윤리적 · 기술적 쟁점까지 중점적으로 살펴보고자 한다.

개인 투자자들도 리서치가 가능한 시대

더욱 주목할 만한 것은 개인 투자자들도 다양한 오픈 소스 라이브러리(open source library)를 활용해 전문가 수준의 투자 분석을 수행할 수 있게 되었다는 점이다. 실제로 금융 데이터 분석, 투자 전략 수립, 포트폴리오 최적화 등이 가능해졌다.

실제 사례를 통해 이러한 변화를 실감할 수 있다. 오픈비비 플랫폼(OpenBB Platform, 오픈 소스 금융 데이터 분석 도구)은 주식, 옵션, 외환 등 모든 자산군을 분석할 수 있는 통합 플랫폼으로, 100개 이상의 데이터 제공업체를 통합해 야후 파이낸스(Yahoo Finance), 미국 증권거래위원회(SEC, Securities and Exchange Commission) 전자 공시 시스템(EDGAR, Electronic Data Gathering, Analysis, and Retrieval) 등의 데이터를 한 곳에서 활용할 수 있다. 과거 수천만 원을 내야 활용할 수 있었던 블룸버그 터미널(Bloomberg Terminal)의 기능들이 이제는 무료 오픈 소스로 제공되는 것이다.

특히 재무제표 분석 분야에서는 획기적인 발전이 있었다. 파이낸스 툴킷(FinanceToolkit, 금융 분석 도구)은

130개 이상의 재무 비율을 자동으로 계산하며, 주가 수익 비율(PER, Price-to-Earnings Ratio), 주가 순자산 비율(PBR, Price-to-Book Ratio), 자기 자본 이익률(ROE, Return on Equity) 같은 기본 지표부터 듀폰(DuPont) 분석 같은 고급 기법까지 지원한다. 개인 투자자가 수작업으로 계산하던 복잡한 재무 지표들을 단 몇 줄의 코드로 처리할 수 있게 된 것이다. 에드가 툴즈(edgartools, SEC 전자 공시 데이터 처리 도구)는 단 세 줄의 코드로 1994년 이후 모든 SEC 파일링 데이터를 추출할 수 있어, 미국 상장 기업의 10-K 보고서(미국 증권거래위원회 연례 보고서), 10-Q 보고서(미국 증권거래위원회 분기 보고서)를 즉시 분석할 수 있다.

밸류에이션(Valuation, 기업 가치 평가) 모델을 구현하는 것도 더 이상 전문가의 영역이 아니다. 현금 흐름 할인 분석 도구(DCF, Discounted Cash Flow Analysis Library)는 할인율, 성장률, 영구 성장률 등 주요 변수를 조정하며 다양한 시나리오 분석을 할 수 있도록 해 준다. 엑셀로 복잡하게 구축해야 했던 DCF 모델이 이제는 파이선 함수 호출로 간단히 구현된다.

포트폴리오 최적화 영역에서도 놀라운 도구들이 등장했다. 파이포트폴리오옵트(PyPortfolioOpt)는 마코위츠

(Markowitz) 평균-분산 최적화, 블랙-리터만(Black-Litterman) 모델 등 노벨(Nobel) 경제학상을 받은 이론들을 구현하고 있으며, 초중급자도 쉽게 사용할 수 있도록 문서화되어 있다. 더 나아가 리스크폴리오-립(Riskfolio-Lib)은 24개의 리스크 측정법을 지원하며 612개 자산까지 처리할 수 있어 기관 투자자 수준의 포트폴리오 관리가 가능하다.

실시간 리스크 관리도 개인의 영역이 되었다. 엠피리컬(empyrical) 라이브러리는 알파(Alpha, 초과수익률), 베타(Beta, 시장 민감도), 샤프 비율, 드로다운(Draw-down, 최대 손실폭) 등 모든 주요 성과 지표를 간단한 함수 호출로 계산한다. 과거에는 리스크 관리 시스템 구축에 수억 원이 필요했지만 이제는 노트북 하나로 충분하다.

가장 인상적인 것은 이 모든 도구가 활발한 커뮤니티에서 지속적으로 개선되고 있다는 점이다. 오픈BB(OpenBB)의 디스코드(Discord) 커뮤니티에는 500명 이상의 활발한 멤버가 있으며, 퀀트커넥트(Quant-Connect)에는 27만5000명 이상의 글로벌 사용자가 있다. 이는 개인 투자자들이 서로 지식을 공유하고 협업하는 새로운 생태계를 형성했음을 의미한다.

물론 이러한 도구들을 활용하기 위해서는 기본적인 파이선 프로그래밍 지식과 금융 이론에 대한 이해가 필요하다. 하지만 온라인 교육 자료와 오픈 소스 커뮤니티의 지원으로 진입 장벽은 계속 낮아지고 있다. 이제 개인 투자자도 데이터 기반의 체계적인 투자 의사 결정을 내릴 수 있는 시대가 열린 것이다.

참고문헌

김준석(2025.7.21). 애널리스트의 낙관적 편향. 자본시장연구원, 2025-15호.

동아비즈니스리뷰(2016). 내부정보 유출 통해 대박났다고? 미국에선 '징역 + 벌금 + 주가폭락…'. https://dbr.donga.com/article/view/1205/article_no/7694/ac/series

서진주(2025.7.28). '매도' 말하지 못하는 증권사…'눈치보기 리포트' 언제까지 [기자수첩-증권]. 데일리안. https://www.dailian.co.kr/news/view/1527946

자본시장연구원(2025). 《애널리스트의 낙관적 편향》. 2~3쪽.

Chan, B., & Abrego, M.(2023.12.15). Everything we know about how Wall Street giants are adopting AI, from JPMorgan to Blackstone. Business Insider. https://www.businessinsider.com/wall-street-goldman-jpmorgan-bridgewater-using-ai-2023-12

Goover(2024.12.12). 챗GPT와 금융: 투자 가치 분석을 위한 리포트. https://seo.goover.ai/report/202412/go-public-report-ko-83025e43-4f85-41a7-817b-1cf8fb0335f6-0-0.html

02
AI 금융 애널리스트 업무 범위와 기술적 진화

전통적인 금융 애널리스트는 방대한 데이터를 분석하고 투자 기회를 평가하며 전략적 금융 지침을 제공하는 전문가다. 하지만 AI의 등장으로 이들의 업무 영역과 수행 방식이 근본적으로 변화하고 있다. AI 금융 애널리스트가 담당하게 될 업무 범위와 그 기술적 진화 과정을 살펴보겠다.

노래하는 AI 보컬?

금융 애널리스트의 전통적 역할

금융 애널리스트는 크게 셀사이드(Sell-side)와 바이사이드(Buy-side)로 구분된다. 증권사에 소속된 셀사이드 애널리스트는 기업과 시장의 재무 상태, 경제 지표, 산업 동향을 분석해 투자 판단과 재무 전략 수립에 핵심적 역할을 해 왔다. 이들은 기업의 재무제표와 현금 흐름표를 분석하고, 예산 편성 및 재무 예측을 수행하며, 투자 기회와 위험을 평가해 경영진이나 고객에게 조언을 제공한다. 또한, 자산 평가, 재무 모델링, 시장 조사, 인수합병(M&A) 분석, 위험 평가, 성과 보고서 작성, 부서 간 커뮤니케이션, 규제 준수, 자금 운용, 고객 자문 등 다양한 업무를 담당한다(Workable, 2023).

반면 자산 운용사에 소속된 바이사이드 애널리스트는 내부 포트폴리오 매니저를 위한 투자 의사 결정을 지원하는 역할을 담당한다.

나는 바이사이드와 셀사이드 모두에서 애널리스트 업무를 했다. 둘 다 업무 강도는 비슷했다. 업무 시간의 40~50%는 각종 공시 자료, 뉴스, 산업 리포트에서 필요한 데이터를 수집하고 엑셀에 입력하는 데 소요되었다. 특히 분기 실적 발표 시즌에는 새벽까지 숫자를 정리하느라 밤을 새우기 일쑤였다. 20~25%는 밸류에이션 작업에 할애했고, 15~20%는 투자 의견과 분석 내용을 담은 리포트 작성에 썼다. 나머지 시간은 기업 탐방, 콘퍼런스 콜(Conference Call) 참여, 내부 회의 등으로 채워졌다.

이러한 업무를 수행하기 위해서는 회계 · 재무 원리, 통계 · 수학적 모델링, 엑셀과 금융 소프트웨어 활용 능력, 분석적 사고, 문제 해결력, 비즈니스 감각, 의사소통 능력, 협상력, 비판적 사고, 시간 관리, 윤리 의식, 적응력, 위험 관리, 프로그래밍 기초 등 폭넓은 역량이 필요하다.

이러한 전통적 방식에는 명확한 한계가 있었다. 엑셀 기반 재무 모델은 복잡해질수록 오류 가능성이 높아졌고, 수작업 데이터 입력 과정에서 실수가 빈번했다. 블룸버그 터미널은 강력한 도구였지만 연간 수천만 원의 비용과 복잡한 인터페이스가 부담이었다. 무엇보다 한 명의 애널리스트가 제대로 커버할 수 있는 기업은 15~20개가 한계였다. 그 이상을 담당하면 분석의 깊이가 얕아질 수밖에 없었다.

시장이 복잡해지고 데이터가 폭증하면서 휴먼 애널리스트가 모든 정보를 신속하고 정확하게 처리하는 데 한계가 드러나고 있다. 실시간으로 쏟아지는 뉴스, 소셜 미디어의 감성 데이터, 대안 데이터까지 분석해야 하는 상황에서 전통적인 방식만으로는 경쟁력을 유지하기 어려워졌다. 이것이 바로 AI 도입이 필연적인 이유다.

비정형 데이터 혁명과 AI의 등장

최근 금융 시장에서 생성되는 데이터의 80% 이상이 텍스트, 이미지, 음성 등 비정형 데이터로 구성되면서, 이를 효과적으로 처리하는 것이 새로운 도전 과제로 부상했다(Sparkline Capital, 2023). 전통적 애널리스트가 회계 데이터나 시장 가격 등 정형 데이터에 집중했다면 오늘날 애널리스트는 실적 발표, 뉴스, 소셜 미디어, 경영진 통화 녹취록, 특허, 규제 신고 등 투자 판단에 결정적 영향을 미치는 다양한 비정형 데이터가 투자 판단에 결정적 영향을 미친다.

2017년 핀테크 기업으로 이직하면서 나는 데이터 혁명의 최전선을 목격했다. 전통적인 증권사에서는 블룸버그 터미널과 엑셀이 전부였지만, 핀테크 기업에서는 웹 크롤링, API 연동, 실시간 데이터 파이프라인이 일상이었다. 특히 2018년 암호 화폐 열풍이 일었을 때 트위터와 텔레그램의 감성 분석이 비트코인 가격 예측에 결정적 역할을 한다는 것을 발견했다. 전통적인 금융 데이터로는 설명할 수 없던 가격 변동이 소셜 미디어 버즈량

온라인 언급량과 90% 이상의 상관관계를 보였다.

LLM, 자연어 처리(NLP, Natural Language Processing), 머신러닝(Machine Learning), 딥러닝(Deep Learning), 강화 학습 등 AI 기술의 발전으로 이제 AI는 방대한 정형 · 비정형 데이터를 신속하게 수집 · 분석 · 예측하고, 투자 보고서를 자동으로 생성할 수 있게 되었다(Chaudhry, 2024). 현재 글로벌 주요 핀테크 기업들은 2019년부터 버트(BERT, Bidirectional Encoder Representations from Transformers)의 기반 NLP 모델을 개발해 국내 뉴스와 공시를 실시간 분석하고 있으며, 2022년 GPT-3.5 출시 이후에는 본격적으로 LLM을 도입해 분석 보고서 초안을 자동 생성하는 수준까지 발전했다.

실제 성과는 놀라울 정도다. 과거 애널리스트들이 하루 종일 걸려 작성하던 산업 동향 리포트를 AI는 10분 만에 초안의 형태로 완성한다. 더 중요한 것은 인간이 놓치기 쉬운 패턴을 발견하는 능력이다. 예를 들어, 2022~2024년의 사례들은 AI가 투자 분석의 패러다임을 근본적으로 바꾸고 있음을 보여 준다.

퍼뮤터블 AI(Permutable AI)와 네라이(NERAI, 리스크 관리/AI 플랫폼) 같은 기업들은 지정학적 리스크와 주가의 상관관계를 발견했다. 남중국해 긴장이 반도체 주식 변동성과 상관관계를 보이는데, AI는 이를 전통적 분석보다 2~3주 먼저 포착했다. TSMC(Taiwan Semi-conductor), 엔비디아(Nvidia), 어드밴스드 마이크로 디바이시스(AMD, Advanced Micro Devices) 같은 기업들이 직접적인 영향을 받았다.

AI는 인간이 처리할 수 없는 방대한 데이터에서 패턴을 발견하고, 실시간으로 시장 변화에 대응하며, 전혀 예상치 못한 영역 간의 상관관계를 찾아낸다. 날씨와 소매주 사이의 관계, 지정학과 반도체의 연결 고리, ESG (Environmental, Social, and Governance)와 주가 성과 사이의 상관관계 등은 AI가 아니었다면 발견하지 못했을 통찰력이다.

AI는 수천 개의 기업 보고서를 몇 분 만에 분석해 임원 퇴사, 특허 출원, 소송, 공급망 이슈 등 투자에 중요한 이벤트를 신속히 감지한다. 예를 들어, 미국 상장사 1000여 곳의 8-K 신고서에서 임원 퇴사 정보를 추출해 위험 신호를 포착하거나 특허 데이터에서 사이버 보안 등 혁신 분야에 투자하는 기업을 식별할 수 있다(Sparkline Capital, 2023).

이제 AI는 단순한 도구가 아닌 투자 의사 결정의 핵심 파트너가 되었다. 인간의 직관과 경험, 그리고 AI의 패턴 인식 능력이 결합될 때 진정한 알파가 창출된다. 미래의 투자 성공은 AI를 얼마나 효과적으로 활용하느냐에 달려 있을 것이다.

AI가 수행하는 금융 애널리스트의 핵심 업무

AI 금융 애널리스트의 주요 업무는 크게 데이터 수집 및 전처리, 심층 분석 및 예측, 리포트 생성, 실시간 모니터링과 경보 시스템 등 네 가지로 구분할 수 있다. 첫째, AI는 웹 크롤링(Web Crawling)과 자연어 처리 기술을 활용해 SEC 신고서, 뉴스, 소셜 미디어, 기업 공시 등 다양한 소스의 정형 · 비정형 데이터를 초 단위로 수집하고, 의미 있는 정보를 추출한다(Chaudhry, 2024). 둘째, 머신러닝과 딥러닝 모델은 과거 주가, 재무 지표, 뉴스 감성 등을 학습해 미래 트렌드, 주가 변동, 신용 위험, 임원 이탈 등 다양한 이벤트를 예측한다. 셋째, AI는 투자 보고서, 요약 리포트, 프레젠테이션 자료를 자동으로 작성하며, 휴먼 애널리스트에게 초안을 빠르게 제공한다. 최근에는 5개 섹션(사업 모델, 최근 이슈, 재무 지표, 강세 · 약세 논리)으로 구성된 종목 분석 보고서를 직접 생성하는 사례도 늘고 있다(Sparkline Capital, 2023). 넷째, AI는 시장 변동, 기업 이벤트, 이상 거래 등 다양한 실시간 신호를 감지해 즉각적으로 투자자에게 알린다.

AI의 예측 분석 능력은 금융 업무의 판도를 바꾸고 있다. AI는 과거 데이터와 실시간 시장 정보를 결합해 주가, 금리, 환율 등 주요 변수의 향후 움직임을 예측한다. AI 기반 알고리즘 트레이딩(Trading)은 시장 변동에 즉각 반응해 매매 신호를 포착하고, 포트폴리오를 자동으로 조정한다. 또한 AI는 신용 평가, 시장 · 운영 · 사기 리스크 탐지 등 다양한 위험 요소를 조기에 식별한다(Chaudhry, 2024). 하나은행, 미래애셋증권 등은 AI를 활용해 실시간 이상 거래 탐지, 대출 사기 방지, ESG 리스크 평가 등에서 성과를 내고 있다. AI는 인간이 놓칠 수 있는 미세한 패턴이나 이상 신호도 포착해 금융 사고 예방과 투자 안정성 제고에 기여한다.

AI 기술의 발전 흐름과 미래 전망

AI 금융 애널리스트의 기술은 빠르게 진화하고 있다. 초기에는 규칙 기반 자동화와 로보틱 프로세스 자동화(RPA, Robotic Process Automation)가 중심이었으나 최근에는 LLM, 멀티모달(Multimodal) AI, 강화 학습 등 첨단 기술이 도입되며 업무 범위가 확장되고 있다. 예를 들어, 멀티모달 AI는 텍스트뿐 아니라 이미지, 음성, 영상 등 다양한 형태의 데이터를 통합 분석할 수 있어 경영진의 화상 회의에서 표정과 음성 톤을 분석해 기업의 리스크를 평가하는 데 활용된다(Sparkline Capital, 2023). AI는 실시간 시뮬레이션과 자가 진화 알고리즘을 통해 수천 개의 시나리오를 동시에 분석하고, 시장 변화에 따라 모델을 자동으로 수정하며, 금융 위기와 같은 비정상적 상황에 신속히 대응할 수 있다. 이러한 기술적 진화는 금융 시장의 복잡성과 불확실성을 효과적으로 관리하는 데 큰 도움을 준다.

AI는 로보어드바이저, 챗봇, 맞춤형 투자 자문 등 금융 서비스 혁신에도 기여하며, 고객 맞춤형 포트폴리오와 자산 배분 전략을 제시한다. 신용 평가 영역에서도 AI는 비금융 데이터와 결합해 신용 이력이 부족한 고객까지 평가할 수 있는 대안 신용 평가 모형을 제공한다(Chaudhry, 2024).

참고문헌

Chaudhry, Z. A.(2024). The role of AI in financial analysis. https://www.linkedin.com/pulse/role-ai-financial-analysis-chaudhry-zahid-ali-croof

NuMosaic(2025). Your personal AI financial analyst: A beginner's guide.

https://numosaic.com.au/ai-financial-analyst
Sparkline Capital(2023). Investing in AI: Navigating the hype.
https://www.sparklinecapital.com/post/investing-in-ai-navigating-the-hype
Workable(2023). Financial analyst job description.
https://resources.workable.com/financial-analyst-job-description

03
AI로 재무제표 분석

금융 애널리스트의 핵심 업무인 재무제표 분석은 최근 AI 기술의 도입으로 근본적 변화를 맞이하고 있다. 기존 분석 방식은 정형화된 데이터에 의존해 왔으나, 대규모 언어 모델(LLM)과 자연어 처리(NLP) 기술의 발전으로 비정형 정보 통합 및 실시간 예측이 가능해졌다. AI가 재무제표 분석의 정확성과 효율성을 혁신하는 과정을 체계적으로 탐구한다.

인공지능과 편향?

AI를 재무제표 분석에 사용하려는 배경

재무제표 분석은 기업의 재무적 건강성과 미래 성장 잠재력을 평가하는 핵심 도구로 수십 년간 정형화된 데이터에 의존해 왔다. 오랫동안 주식 리서치 애널리스트들은 재무제표 분석을 통해 주식 성과를 예측하는 전문가로 여겨졌지만 이러한 작업은 반복적이고 노동 집약적인 특성이 있다(Dong, 2024).

디지털 전환과 데이터 폭증으로 인해 기존 방법론의 한계가 더욱 명확해졌다. 2024년 기준 상장 기업 한 곳당 분기별 생성 데이터 양이 5.7TB에 달하며, 인간의 인지적 처리 속도로는 실시간 의사 결정에 대응하기 어려워졌다. 재무제표의 후행성 문제는 미래 예측의 정확도를 저해했으며, 분석가의 주관적 해석 편향은 투자 판단의 신뢰성을 훼손했다. 2013년 CJ E&M 사례에서 드러난 정보 비대칭은 이러한 구조적 문제가 초래할 위험을 극명하게 보여 주었다.

이러한 상황에서 AI, 특히 신경망 기반 딥러닝 기술의 급속한 발전은 재무제표 분석의 새로운 가능성을 열었다. AI 시스템은 방대한 양의 데이터를 빠르게, 높은 정확도로 분석하여 휴먼 애널리스트가 놓칠 수 있는 패턴과 트렌드를 식별할 수 있다. 특히 신경망 기반 딥러닝은 복잡한 데이터 세트를 분석하고 변수 간의 비선형 관계를 찾는 데 탁월한 능력을 보여 주었다(Dong, 2024).

AI의 효율성은 경제적 측면에서도 압도적이다. 동(Dong, 2024)의 연구에 따르면, 단순한 신경망 모델이 14년간의 재무제표 원시 데이터를 처리하는 데 단 15시간, 비용은 장비 1450달러와 전기료 2.5달러만 소요되었다. 이는 휴먼 애널리스트가 동일한 작업을 수행하는 데 필요한 시간과 비용의 극히 일부에 불과하다.

또한 AI는 감정의 영향을 받지 않아 인간 분석가의 판단을 흐릴 수 있는 편향을 제거할 수 있다(Dong, 2024). 이는 특히 시장 변동성이 큰 시기나 정보 비대칭이 심한 상황에서 더욱 중요한 장점이 된다.

무엇보다 주목할 점은 모델 프리(Model-Free) 접근의 가능성이다. 미리 정의된 재무 모델이나 회계 비율 없이 원시 재무제표 데이터 자체를 딥러닝 모델이 학습하게 하여 AI가 스스로 최적의 모델을 발견하고 데이터를 해석하는 새로운 방법을 탐색할 수 있다(Dong, 2024). 이는 전통적인 분석 방법으로는 발견하기 어려운 재무 변수 간의 복잡한 패턴과 상관관계를 식별할 수 있게 한다.

AI는 초대규모 데이터 처리, 비정형 정보 통합, 객관적 판단 체계 구축이라는 삼중 과제를 해결할 유일한 기술로 부상했다. 아직은 휴먼 애널리스트 업무를 완전히 대체하지 못하고 있지만 지속적인 연구 개발을 통해 재무제표 분석의 패러다임을 근본적으로 바꿀 가능성을 보여 주고 있다.

AI의 재무제표 분석 방식

AI가 재무제표를 분석하는 방식은 연구자에 따라 다르다. 본문에서는 "AI는 주식 분석가를 대체할 수 있는가? 딥러닝 재무제표 분석 증거(Dong, 2024)"라는 제목의 논문 내용을 설명한다.

인공지능이 재무제표를 분석하는 과정은 모델 프리 딥러닝 기법을 기반으로 한다. 이 방식은 미리 정해진 금융 모델이나 사전 정의된 회계 비율 없이 작동하며, 대신 신경망이 방대한 양의 원시 데이터에서 직접 패턴을 학습한다.

AI 모델은 컴퓨스탯(Compustat)에서 제공하는 분기별 및 연간 재무제표 데이터를 활용하는데, 여기에는 154개의 회계 변수가 포함된다. 각 기업-분기 관측치마다 현재 분기와 직전 3개 분기의 재무제표 데이터를 결합하여 총 616개의 회계 변수를 생성하고, 여기에 과거 주가 데이터와 금리 데이터를 추가하여 최종적으로 629

개의 입력 변수를 사용한다.

분석의 핵심인 신경망은 입력층, 3개의 은닉층, 그리고 출력층으로 구성된 5층 구조를 가진다. 각 은닉층은 서로 다른 특징을 학습하고 추출하며, 변수 간의 복잡한 비선형적 관계를 포착한다. 입력된 데이터는 순전파 과정을 통해 각 층을 순차적으로 통과하며 처리되고, 최종적으로 출력층에서 12개월 후의 주가를 예측한다.

모델 훈련은 반복적인 학습 과정을 통해 이루어진다. 초기에는 무작위로 설정된 가중치와 편향값으로 시작하여, 예측값과 실제값의 차이를 평균 제곱 오차(MSE, Mean Squared Error) 손실 함수로 측정한다. 이 오차는 역전파 과정을 통해 신경망을 거슬러 올라가며 전파되고, 아담(Adam) 옵티마이저(optimizer)를 사용하여 0.001의 학습률로 가중치와 편향을 조정한다. 또한 자동 혼합 정밀도(AMP, Automatic Mixed Precision)와 평균 가중치 스냅샷(SWA, Stochastic Weight Averaging) 같은 고급 기술도 함께 활용된다.

과적합을 방지하고 모델의 일반화 성능을 높이기 위해 드롭아웃(Dropout), L1 규제, L2 규제 등 세 가지 규제 기법이 적용되는데, 특히 L2 규제가 모델 훈련에 중요한 역할을 한다. 훈련이 완료된 모델은 이전에 보지 못한 새로운 데이터에 대해 예측을 수행할 수 있다.

이러한 분석 방식에서 컴퓨스탯이 제공하는 데이터를 활용하여 분석 대상 기업의 주가 및 재무 비율을 예측해서 보고서를 생성한다.

검색 기반 생성 기술(RAG, Retrieval-Augmented Generation) 기술이 분석 결과를 종합하여 분석 리포트를 작성하는 데 보통 휴먼 애널리스트 대비 60% 이상의 시간 절감 효과를 보인다. 이와 같은 복잡한 과정을 거치지 않고도 사용할 수 있는 플랫폼을 사용하면 개인 투자자들도 쉽게 기업을 분석할 수 있다.

LLM을 사용해서 재무제표 분석해 보기

개인 투자자도 LLM을 활용해 재무제표 분석을 단계별로 실습할 수 있다.

첫 단계는 원하는 기업의 최근 3~5개년 재무제표 데이터를 확보해 분석 대상 기간, 연결 또는 별도 기준, 단위와 통화를 명확히 지정해 프롬프트(prompt)를 입력하는 것이다. 예를 들어 "삼성전자의 최근 5개년 연결 기준 재무제표를 요약해 줘"와 같이 요청하면 된다. 데이터 입력의 명확성과 표준화가 결과의 품질을 좌우한다.

두 번째 단계에서는 주요 재무 지표의 산출과 비교를

요청할 수 있다. "삼성전자의 수익성 · 성장성 · 안정성 지표를 최근 5개년 기준으로 계산해 줘"와 같이 구체적으로 지표명을 명시하면, LLM이 각 연도별 수치를 산출한다. 산업평균이나 경쟁사 비교도 추가로 요청할 수 있다.

세 번째 단계에서는 계산된 지표를 바탕으로 기업의 수익성, 성장성, 재무 안정성에 대한 해석을 요청한다. LLM은 각 지표의 절대 수준과 연도별 추세, 긍정적 변화 요인과 악화 요인을 종합적으로 설명한다. 비교 대상이 있으면 상대평가까지 가능하다.

이후 부문별 실적과 이익 기여도를 요청하면, LLM은 각 부문의 매출 비중, 이익 기여도, 분기별 추세까지 요약해 준다. 마지막으로, "재무제표 분석 결과를 바탕으로 투자 평가를 요약해 줘"라고 입력하면, LLM은 실적 추세에 기반한 종합 의견과 투자자 관점의 시사점을 정리한다. 주가 밸류에이션까지 연계해 분석할 수도 있다.

이처럼 LLM은 복잡한 재무제표를 요약하고, 주요 지표 산출 · 해석, 투자 평가까지 단계별로 지원한다. 최근 연구들은 LLM이 인간 전문가에 못지않은 예측력을 보이며, 프롬프트 설계와 데이터 입력의 명확성이 분석 품질을 결정한다고 강조한다.

AI 분석 기술의 미래 발전 방향

AI 재무제표 분석 기술의 미래 발전 방향은 자동화, 통합, 예측, 그리고 인간-기계 협업의 네 가지 축에서 빠르게 진화하고 있다. 앞으로 AI는 단순 수치 계산을 넘어 PDF, 보고서, 주석 등 다양한 비정형 데이터까지 실시간으로 해석하는 방향으로 발전할 전망이다(V7 Labs, 2025). 최신 AI는 표와 그래프, 텍스트 해설이 혼합된 자료에서도 핵심 데이터를 자동 추출하며, 회계 정책 변화나 숨겨진 리스크 신호까지 탐지할 수 있다.

예측 분석 측면에서는 AI가 과거 재무제표와 외부 데이터(거시 경제, 산업 지표, 뉴스 등)를 통합해 미래 실적과 리스크를 예측한다. 머신러닝 기반 예측 모델은 단순 추세를 넘어, 시장 변동성 · 규제 변화 · 공급망 리스크 등 다양한 요인을 반영한 시나리오별 전망을 제시한다(Precisa, 2024). 앞으로는 ESG, 기후 등 비재무 데이터와의 융합도 강화될 것이다.

AI 도입은 재무팀의 업무 구조도 변화시킨다. 반복적 데이터 추출 · 정제는 AI가 전담하고, 인간은 해석과 전략, 리스크 평가에 집중하는 하이브리드 체계가 확산된다(V7 Labs, 2025; SolveXia, 2025). 실제로 글로벌 금융기관들은 AI가 생성한 데이터와 예측 결과를 바탕으로 인간 전문가가 최종 판단과 윤리 검증을 담당하는 협업 구조를 구축하고 있다.

향후 AI 재무제표 분석 기술은 블록체인(Blockchain), 사물 인터넷(IoT, Internet of Things), 클라우드 컴퓨팅(Cloud Computing) 등과 융합해 더욱 고도화될 전망이다(PyQuant News, 2024). 그러나 데이터 편향, 설명 가능성, 책임 소재 등 새로운 과제도 함께 부상하고 있다. 미래의 분석은 AI의 속도와 정확성, 인간의 직관과 윤리가 결합된 하이브리드 체계로 진화할 것이다(V7 Labs, 2025).

참고문헌

DataCamp(2024). AI in Finance: Revolutionizing the Future of Financial Management. https://www.datacamp.com/blog/ai-in-finance

Dong, G. N.(2024). *Can AI replace stock analysts? Evidence from deep learning financial statements.* SSRN.

Precisa(2024). Harnessing predictive analytics:Future trends in predictive financial statement tools. https://precisa.in/blog/predictive-analytics-future-trends-in-financial-statement-analysis

PyQuant News(2024). AI Revolutionizing financial statement analysis. https://www.pyquantnews.com/free-python-resources/ai

-revolutionizing-financial-statement-analysis

SolveXia(2025). Harnessing AI in finance and accounting: Trends and insights for 2025.
https://www.solvexia.com/blog/ai-in-finance-and-accounting

V7 Labs(2025). An introduction to financial statement analysis With AI.
https://www.v7labs.com/blog/financial-statement-analysis-with-ai-guide

04
AI가 쓴 분석 리포트 신뢰도와 평가

AI가 작성한 분석 리포트의 신뢰도와 평가 기준은 투자자와 금융 기관 모두에 중요한 이슈로 부상하고 있다. 본 장에서는 AI 리포트의 신뢰성, 객관성, 실제 투자 성과에 미치는 영향과 한계, 그리고 평가 방법의 진화를 다룬다.

청각장애인과 AI?

AI 리포트 신뢰성의 과학적 근거

최근 연구에 따르면 LLM은 재무제표 분석에서 휴먼 애널리스트를 능가하는 예측 정확도를 보인다. JP모건(J.P. Morgan)의 실험에서 GPT-4는 표준화된 재무제표 데이터만으로 향후 수익 성장 방향을 60.35% 정확도로 예측했으며, 이는 휴먼 애널리스트의 52.71%를 상회하는 수치다(Kim et al., 2024). 특히 소규모 기업과 적자 기업 분석에서 AI는 인간 대비 34% 높은 정확도를 기록했는데, 이는 복잡한 변수 간 상호작용을 포착하는 LLM의 강점에서 비롯된다. 예를 들어, 부채 비율과 현금 흐름의 상관관계를 다층 신경망으로 분석해 위험 신호를 조기 감지하는 능력이 두드러진다.

하지만 AI의 학습 데이터 컷오프 시점(예: 2021년 9월, 모델이 최신 정보나 데이터가 언제까지 반영되었는지를 명확하게 나타내는 용어)으로 인해 최신 공급망 이슈나 급변하는 환율 변동을 반영하지 못하는 한계도 있다. 예를 들어, 2024년 4월 USD/KRW 환율이 1400원을 돌파하고 2025년에는 최고 1487원에서 최저 1350원까지 급변동한 사례는 과거 데이터로 학습된 AI 모델이 실시간 환율 변동이나 외환 당국의 긴급 개입과 같은 최신 금융 시장 상황을 전혀 예측하거나 반영할 수 없음을 단적으로 보여 준다. 이는 2024년 JP모건 사례에서 드러났듯, 최신 데이터 미반영으로 인한 예측 오류가 SEC로부터 3억5천만 달러 벌금으로 이어지며 신뢰성 논란을 초래하기도 했다(WSJ, 2024).

일반 투자자가 AI 분석 보고서를 더 신뢰

일반 투자자와 금융 전문가 간 AI 리포트에 대한 인식 차이는 투자 의사 결정 과정에서 뚜렷하게 드러난다. 팅 외(Ting et al., 2023)의 연구에 따르면, 일반 투자자는 AI가 생성한 주식 리서치 보고서를 금융 전문가보다 더 전문적으로 평가했으며, 이는 리포트 전체뿐만 아니라 개별 섹션(예: 재무 비율 분석, 성장성 전망)에서도 일관되게 확인되었다. 특히 AI 리포트 검토 후 일반 투자자의 투자 의향은 금융 전문가 대비 25% 높게 나타났다.

AI 기반 투자 분석 서비스에 대한 신뢰도 역시 일반 투자자에게서 두드러진다. 연구에서 투자 위험 허용 범위를 평가해 맞춤형 권장 사항을 제공하는 AI 서비스에 대해 일반 투자자의 72%가 긍정적인 수용 의향을 표시한 반면, 금융 전문가는 58%에 그쳤다(Ting et al., 2023). 이는 AI가 복잡한 정보를 단순화해 전달하는 데 강점이 있기 때문으로 해석된다.

반면 금융 전문가 집단에서는 알고리즘 혐오(Algorithm Aversion) 현상이 강하게 관찰되었다. 동일 연구에서 AI가 명백한 오류를 범한 경우, 전문가의 89%가 해당 알고리즘을 회피하려는 경향을 보였으나 일반 투자자는 67%만이 유사한 반응을 보였다(Ting et al., 2023). 이는 전문가들이 높은 금융 지식과 빈번한 리포트 분석 경험을 바탕으로 AI의 한계를 더 민감하게 인지하기 때문이다.

이러한 차이는 AI 기반 주식 리서치 서비스가 대중화될 잠재력이 있음을 시사한다. 일반 투자자의 높은 신뢰도는 AI의 접근성과 편의성이 금융 민주화에 기여할 수 있음을 보여 주지만, 전문가 층의 회의적 태도를 해소하기 위해서는 AI의 설명 가능성(XAI, Explainable Artificial Intelligence) 강화와 실시간 피드백 시스템 도입이 필수적이다.

데이터 품질과 투명성의 중요성

AI 재무제표 분석의 신뢰성은 근본적으로 데이터 품질과 투명성에 좌우된다. ISO/IEC 42001 국제 표준은 데이터 프로비넌스(Data Provenance, 데이터 출처 추적)를 통해 AI 시스템의 데이터 출처, 수집 방법, 변환 과정을 명확히 문서화할 것을 요구하였는데, 이는 편향성 탐지와 오류 추적의 기반이 된다(ISO42001). 예를 들어, 특허 데이터나 경영진 통화 녹취록과 같은 비정형 데이터의 경우, 원본 출처와 전처리 단계가 공개되지 않으면 AI의 해석이 왜곡될 위험이 크다.

블록체인 기술은 데이터 무결성을 보장하는 핵심 도구로 부상했다. 이더리움(Ethereum) 네트워크를 활용한 의사 결정 추적 시스템은 AI 리포트의 입력→처리→출력 전 과정을 실시간으로 기록하며, SEC 공시(SEC filings)와의 불일치 시 자동 경고를 발령한다(LinkedIn, 2024). 이는 JP모건이 2024년 데이터 출처 미공개로 2500만 달러 벌금 처분을 받은 사례 이후 금융 기관들이 적극적으로 도입 중인 메커니즘이다.

데이터 품질 관리 측면에서는 실시간 이상치 탐지 기술이 주목받는다. AI는 재무제표의 점진적 변화(예: 순이익률 서서히 감소)나 급격한 분포 변동(예: 고객 거래 패턴 갑작스러운 변화)을 자동으로 포착해 분석 오류를 사전에 차단한다. 특히 LLM과 결합된 감사 시스템은 의미적 불일치(예: 부채 비율 계산식 차이)를 탐지해 인간 검토 시간을 62% 단축한다.

규제 프레임워크와 산업계 대응

글로벌 규제 기관들은 AI 시스템의 투명성과 책임성을 강화하기 위해 지속적으로 프레임워크를 진화시키고 있다. 유럽 연합(EU) AI법(2024) 제13조는 고위험 AI 시스템에 대해 '의사 결정 논리와 데이터 출처를 명확히 공개할 것'을 요구하며, 일반개인정보보호법(GDPR) 제22조는 자동화된 의사 결정에 대한 사용자의 설명 요청 권리를 보장한다(EU AI Act, 2024; GDPR, 2018). 이러한 흐름에 발맞춰 국내 금융당국은 AI 규제 체계를 강화하고 있다. 금융위원회는 2024년 12월 '금융권 생성형 AI 활용 지원 방안'을 발표하여, AI의 성능 및 윤리 평가에 활용할 수 있는 평가 지원 데이터 제공과 검색 증강 생성(RAG)용 데이터 구축 계획을 밝혔다(금융위원회, 2024.12.11). 2025년 상반기까지 '금융권 AI 플랫폼'을 구축하고, 금융권 특화 한글 말뭉치를 2025년 1분기부터 단계적으로 제공할 예정이다(삼성SDS, 2025.1.24). 또한 금융위원회는 2025년 업무 계획에서 금융사가 AI 서비스를 개발하고 활용할 수 있도록 '금융권 통합 AI 가이드라인'을 마련하겠다고 발표했으며(자본시장연구원, 2025.3), 금융감독원은 2025년 2월 10일 발표한 업무 계획에서 금융 산업 혁신 지원의 일환으로 AI 도입 지원을 포함시켰다(김 · 장 법률사무소, 2025.2).

산업계는 규제 요건을 선제적으로 충족하기 위해 기술적 · 조직적 혁신을 가속화하고 있다. 대표적 사례인 블룸버그GPT(BloombergGPT)는 SEC 공시 데이터와의 연동성을 공개하고, 모델 버전 변경 이력을 이더리움 블록체인에 기록해 투명성을 입증했다. 이를 통해 재무제표 분석 시간을 70% 단축하는 동시에, JP모건이 2024년 데이터 출처 미공개로 3억5천만 달러 벌금을 처분받은 사태와 같은 리스크를 사전에 차단했다(Bloomberg, 2023; WSJ, 2024). 또한 XAI(eXplainable AI) 기술을 접목해 "왜 이 주식을 매수해야 하는가?"와 같은 질문에 대해 계층적 추론 과정을 공개함으로써 신뢰도를 높였다.

기술과 규제의 선순환 구조도 주목할 만하다. ISO/IEC 42001(2025) 데이터 프로비넌스 표준을 준수하기 위해 디지털 트윈(Digital Twin) 시스템이 도입되었으며, AI 모델의 학습 데이터 품질을 실시간으로 점검한다. 런던 증권거래소 그룹(LSEG, London Stock Exchange Group)은 하루 3000억 건의 데이터를 처리하며 워터마킹 기술로 원본 데이터의 무결성을 검증하는 한편, AI 환각(AI Hallucination) 리스크를 89% 감소시켰다(WEF, 2025).

미래 평가 체계의 진화 방향

AI 리포트 평가 체계는 기술과 규제의 융합을 통해 근본적 변혁을 맞이할 전망이다. 양자 컴퓨팅과 블록체인의 결합이 핵심 동력으로 부상하며, IBM은 2024년 양자 신경망을 활용해 신용 평가 모델의 편향성을 58% 감소시킨 사례를 공개했다. 이 기술은 복잡한 변수 간 비선형 관계를 초고속으로 분석해 금융 사기 탐지 정확도를 혁신적으로 높인다. 동시에 이더리움 블록체인 기반 의사결정 추적 시스템은 AI 리포트의 데이터 출처부터 최종 출력까지 전 과정을 기록해 감사 효율성을 89% 향상했다.

실시간 다중 검증 시스템도 중요한 축이다. 금융감독원의 2026년 개정안은 분 단위 재무 데이터 반영과 동적 평가 프로토콜을 요구하며, 디지털 트윈 기술로 실제 자산과 AI 예측 결과의 편차를 실시간 점검한다. 적응형 라우팅 시스템은 GPT-4 생성 리포트의 신뢰도에 따라 인간 검증 단계를 자동 조정해, 고위험 사례에만 집중하는 효율적 구조를 구축한다.

설명 가능한 AI(XAI)의 의무화는 불가피한 흐름이다. EU AI법(2024)은 '추론 과정 공개'를 법제화했으며, 미국 국립표준기술연구소(NIST, National Institute of

Standards and Technology)는 2025년 XAI 성숙도 모델을 발표해 예측 결과의 신뢰 구간과 편향성 지표 표기를 권고했다. 블룸버그GPT(BloombergGPT)는 '매수 권장' 결정 시 재무 비율(70%)과 산업 동향(30%)의 가중치를 공개하며 모범 사례를 보였다.

글로벌 규제 표준의 상호운용성도 강화된다. 2027년 ISO/IEC 42001이 본격화되면 데이터 프로비넌스(출처 · 전처리 이력 공개)와 모델 버전 관리(블록체인 기록)가 전 산업에 확산될 전망이다. LSEG는 하루 3000억 건의 데이터를 워터마킹으로 검증해 AI 환각(AI Hallucination) 리스크를 89% 감소시켰으며, 이는 복잡한 금융 계약서 분석 분야에서 신뢰 회복의 초석이 되었다.

참고문헌

김·장 법률사무소(2025.2). 금융감독원 2025년 업무계획 발표. 뉴스레터. https://www.kimchang.com/ko/insights/detail.kc?sch_section=4&idx=31488

금융위원회(2024.12.11). 금융권의 AI 활용을 적극 지원하겠습니다. 보도 자료. https://www.fsc.go.kr/no010101/83594

삼성SDS(2025.1.24). 2025년 국내 은행 AI 활용 전망. 인사이트리포트.

https://www.samsungsds.com/kr/insights/ai-in-banking-in-2025.html

자본시장연구원(2025.3). 금융권의 AI 활용 확대와 해외 각국의 감독 방향. 자본시장포커스.
https://www.kcmi.re.kr/publications/pub_detail_view?syear=2025&zcd=002001016&zno=1846&cno=6537

Bloomberg(2023). Introducing BloombergGPT, Bloomberg's 50-billion parameter large language model, purpose-built from scratch for finance.

EU AI Act(2024). Article 13: Transparency and provision of information to users.

GDPR(2018). Article 22: Automated individual decision-making, including profiling.

Kim, A. G. et al.(2024). *Financial Statement Analysis with Large Language Models*. University of Chicago.

LinkedIn(2024). The future of auditing: How AI and Blockchain are reshaping financial accountability.

Ting, H. et al.(2023). *AI in finance: Shaping investor behavior and trust through dquity research report*. SSRN.

WEF(2025). Why the global financial system needs high-quality data it can trust.

WSJ(2024.3.14). JPMorgan Hit With Nearly $350 Million Fine for Compliance Failures in Trading.

05
인간과 AI의 기업 이익 추정 능력 비교

인간과 AI가 기업의 이익 추정 능력을 어떻게 다르게 수행하는지에 대한 이해는 미래 금융 분석의 핵심 과제다. AI의 예측 정확도와 신뢰성, 인간 분석가의 직관과 맥락 해석 능력 간 차이를 비교하며, 각각의 강점과 한계가 시장과 투자자에게 어떤 영향을 미치는지 살펴본다.

AI 콘텐츠 크리에이터?

예측 방법론의 차이

휴먼 애널리스트와 AI는 기업 이익을 예측하는 방식에서 본질적으로 다른 접근법을 보인다. 휴먼 애널리스트는 CRSP(Center for Research in Security Prices, 증권가격연구센터), 컴퓨스탯 등 표준 데이터베이스에서 추출한 기업의 재무 상태, 과거 수익률, 다양한 재무 비율 등 정형화된 정보를 활용하는 것은 물론, 산업 내 경쟁 구도, 제품 시장 유동성, 산업 규모, 산업 평균 주당 순이익(EPS, Earnings Per Share) 등 산업 수준의 맥락적 정보까지 폭넓게 분석에 반영한다. 또 산업 생산 지수, 소비자 물가, 유가, 국채 금리, 신규 주문 등 거시 경제 지표를 예측에 활용하며, 기업의 SEC 공시 자료, 뉴스 기사, 소셜 미디어 등에서 추출한 텍스트 정보와 특허 가치 등 비정형 데이터도 분석에 포함한다. 무엇보다 휴먼 애널리스트는 산업 경험과 제도적 지식을 바탕으로, 무형 자산이 많거나 재정적 위험이 큰 기업처럼 정보 비대칭이 심한 상황에서 해석력을 발휘한다. 역동적인 경쟁 환경이나 부도 위험이 큰 기업을 분석할 때, 인간은 빠르게 진화하는 시장 상황에 유연하게 대응할 수 있다. 경영진이 애널리스트들의 전망치 평균 컨센서스(consensus) 예측에 맞춰 이익을 발표하는 피드백 효과, 현금 흐름보다 발생주의 회계 항목에서 경영진의 재량이 크다는 점 등 기업 내부의 전략적 행동까지 예측에 반영한다. 그러나 휴먼 애널리스트의 예측에는 투자 은행 고객을 위한 유리한 전망 제공, 경영진과의 정보 접근 권한 확보, 과잉 반응 등 심리적 · 제도적 편향이 개입될 수 있으며, 이는 AI에 비해 인간의 예측 성능을 저해하는 요인이 되기도 한다. 반면, 대형 증권사 소속 애널리스트들은 풍부한 연구 자원과 AI 기술을 적극적으로 활용하며, 대안 데이터까지 분석에 포함함으로써 AI와 동등하거나 더 나은 예측력을 보이기도 한다(Cao et al., 2024).

한국 애널리스트들은 실적 추정치 데이터를 주로 와이즈에프엔(Wisefn), FN가이드 등 국내 데이터베이스를 활용해 집계한다. 이들은 매출액, 영업 이익, 순이익, 주당 순이익 등 기본 재무 지표뿐 아니라, 배당 공시, IR 자료, 사업 보고서, 감사 보고서, 산업별 특화 지표(예: 철강 가격, 자동차 판매량, 화장품 수출액 등), 그리고 거시 경제 변수(GDP, 금리, 환율, 소비 심리 등)를 종합적으로 참고한다. 특히 배당 공시가 발표된 이후, 애널리스트들은 배당 변화의 방향에 따라 실적 추정치를 상향 또는 하향 조정하는 경향이 있다. 이는 배당이 미래 현금 흐름에 관한 신호를 제공한다는 배당 신호 이론과 연결

된다. 또한, 애널리스트들은 과거 실적 추정치, 전년도 주당 순이익, 최근 추정치 등 다양한 준거점(anchoring)을 활용해 예측을 수정하며, 분기별 실적 추정치의 일관성도 중요한 평가 기준으로 삼는다.

AI는 기업 이익 예측에서 방대한 정형 · 비정형 데이터를 동시에 입력값으로 활용한다. AI 모델은 과거 주가, 실현 이익, 자산 수익률, 매출 성장률, 투자 대비 자산, 재고 변화, 영업 현금 흐름, 이윤 마진, 자산 회전율 등 다양한 기업 수준 변수와 산업 내 경쟁 정도, 산업 규모, 산업 평균 주당 순이익 등 산업 변수 그리고 산업 생산 지수, 유가, 금리, 주식 시장 비유동성 등 거시 경제 지표를 통합적으로 활용한다. 여기에 SEC 공시 자료, 뉴스, 소셜 미디어 등에서 추출한 텍스트 정보와 특허 가치 등도 포함된다. 최신 AI 분석가는 랜덤 포레스트(Random Forest), 그래디언트 부스팅(Gradient Boosting), 장단기 메모리 신경망(LSTM, Long Short-Term Memory) 등 다양한 기계 학습 도구를 조합한 앙상블 모델로 구축되며, 모델 훈련에는 최근 3년간의 데이터를 활용하는 롤링 윈도 방식이 쓰인다. 경기 침체기 등 비정상적 시기에는 전체 비즈니스 주기 데이터를 반영해 예측의 안정성을 높인다. AI는 고차원 · 비정형 데이터의 복잡한 상호작용을 효율적으로 학습해 전통적 경제 모형보다 뛰어난 예측 성능을 보인다(Cao et al., 2024).

그러나 실제 이익 예측에서는 AI가 인간을 완전히 대체하지 못한다. 주식 수익률 예측에서는 AI가 인간보다 더 정확하지만 기업 이익 예측에서는 인간이 AI보다 더 우수한 성과를 보인다. 이는 경영진이 애널리스트 예측에 맞춰 이익을 발표하는 피드백 효과 등 인간만이 포착할 수 있는 미묘한 신호와 맥락적 해석 능력이 여전히 중요함을 시사한다. 반면, 현금 흐름 등 경영진 재량이 적은 항목에서는 AI와 인간의 예측력 격차가 크게 줄어드는 것으로 나타났다. 특히 휴먼 애널리스트의 예측 정보를 AI 모델에 추가한 '인간+기계(Man+Machine)' 하이브리드 모델은 단독 AI 모델보다 이익 예측에서 더 뛰어난 성능을 보였다. 이는 방대한 데이터 처리 능력을 갖춘 AI와 산업 경험과 제도적 맥락 해석에 강점을 가진 인간이 결합할 때 최고의 시너지가 발휘됨을 보여 준다(Cao et al., 2024).

기업 이익 측정 능력 비교

AI 애널리스트와 휴먼 애널리스트의 예측 능력은 각기 다른 강점과 한계를 지닌다. 차오 외(Cao et al., 2024)에 따르면, AI 애널리스트는 주식 수익률 예측 분야에서 인간을 능가하는 경우가 많다. 실제로 2001년부터 2018년까지의 표본 기간에 AI는 전체 I/B/E/S(Institutional Brokers' Estimate System) 애널리스트가 수행한 주식 수익률 예측의 54.5%에서 인간보다 더 정확한 성과를 보였다. 이는 AI가 방대한 정보 처리 능력을 갖추고 있으며, 휴먼 애널리스트가 흔히 보이는 인센티브나 심리적 편향에서 자유롭기 때문이다(Cao et al., 2024).

그러나 기업 이익 예측에서는 휴먼 애널리스트가 더 뛰어난 성과를 보인다. 연구에 따르면, 휴먼 애널리스트가 AI보다 69.2% 더 정확한 이익 예측을 수행했다. 이러한 차이는 경영진의 재량에 기인하는데, 기업 경영진은 애널리스트들의 컨센서스 예측에 맞춰 이익을 발표하는 경향(피드백 효과)이 있으며, 이는 휴먼 애널리스트에게 유리하게 작용한다. 반면 AI 모델은 이러한 효과를 반영하지 못한다. 다만, 경영진의 재량권이 적은 현금 흐름 구성 요소 예측에서는 인간이 AI를 능가하는 경우가 45.6%에 불과해, 이익 예측 전체와는 대조적인 결과를 보인다. 이는 경영진의 재량권이 휴먼 애널리스트의 이익 예측 성능에 기여함을 시사한다(Cao et al., 2024).

휴먼 애널리스트는 정보 비대칭이 높고 해독이 어려

운 기업, 즉 무형 자산이 많거나 재정적 어려움에 처한 기업에 대해 더 나은 성과를 보인다. 이러한 환경에서는 깊이 있는 제도적 지식과 산업 경험이 중요한 역할을 한다. 또한 역동적인 경쟁 환경이나 부도 위험이 큰 상황 등 익숙하지 않고 빠르게 진화하는 상황을 분석하는 데도 인간이 AI보다 강점을 가진다. 대형 증권사에 소속된 애널리스트는 풍부한 연구 자원과 경험을 바탕으로 AI를 능가할 가능성이 높으며, 시간이 흐를수록 휴먼 애널리스트의 우위가 증가하는 경향도 관찰된다. 이는 인간이 AI 및 빅데이터 기술의 도움을 점점 더 많이 받고 있기 때문일 수 있다(Cao et al., 2024).

반면 AI는 정보의 양이 많고 투명한 경우에 명확한 강점을 보인다. 공개 정보가 많을수록 AI는 애널리스트보다 우수한 성과를 낼 가능성이 높다. 특히 AI는 대량의 정형 및 비정형 데이터를 빠르게 처리하고, 텍스트 정보와 감성 분석까지 예측에 활용할 수 있다(Cao et al., 2024).

흥미롭게도 인간과 AI의 예측 정보를 결합한 휴먼 AI 협업 모델(Human- AI Collaborative Model)은 단독 AI 모델보다 더 뛰어난 성능을 보인다. 주식 수익률 예측에서 이 하이브리드 모델은 AI 단독 모델보다 54.8% 더 우수했으며, 이익 예측에서는 71.8% 더 뛰어난 성과를 기록했다. 이는 인간과 기계 간의 정보 생산 시너지가 높다는 점을 보여 준다. 특히 유동성이 낮은 기업, 무형 자산이 많은 기업, 재정적 위험이 큰 기업 등에서는 애널리스트의 기여 가치가 더욱 커진다. Man+Machine 모델은 인간이나 AI 단독으로 발생할 수 있는 극단적인 예측 오류의 상당 부분을 줄이는 데도 효과적이다. 실제로 이 모델은 휴먼 애널리스트의 극단적 오류의 90.7%와 AI의 극단적 오류의 43.6%를 피하는 데 도움을 주며, 자체적인 극단적 오류를 생성하는 경우는 매우 드물다. 이는 금융 시장뿐 아니라 의료 진단, 기후 모델링 등 고위험 시나리오에서도 중요한 시사점을 제공한다(Cao et al., 2024).

마지막으로 예측 가능한 편향을 제거한 휴먼 애널리스트(Machine-debiased Man)의 예측은 AI에 대한 우위가 1%포인트 향상되어, 인간-기계 격차의 약 22%를 해소하는 것으로 나타났다. AI 모델은 휴먼 애널리스트의 컨센서스와 비교해 월별 약 50~72베이시스 포인트의 우수한 수익률/알파를 생성할 수 있어 포트폴리오 구성에도 유용한 정보를 제공한다. 결론적으로, AI는 정보 처리 능력과 편향의 부재 덕분에 주식 수익률 예측에서 인간을 능가하는 경향이 있지만 이익 예측에서는 경영진의 재량 등 특수한 요인으로 인해 인간이 더 뛰어난 모습을 보인다. 가장 이상적인 형태는 AI와 인간의 강점을 결합하는 'Man+Machine' 접근 방식이며, 이는 단독 예측보다 뛰어난 성과와 극단적 오류 감소라는 시너지를 제공한다(Cao et al., 2024).

참고문헌

Cao, S. et al.(2024). From man vs. machine to man+machine: The art and AI of atock analyses. *Journal of Financial Economics.*

Dong, G. N.(2024). *Can AI replace stock analysts? Evidence from deep learning financial statements.* SSRN.

Kim, A. G. et al.(2023). *Financial statement nalysis with large language models.* University of Chicago.

06
헤지펀드 영역까지 파고든 AI

헤지펀드는 AI 도입으로 데이터 분석과 전략 다양성, 리스크 관리가 강화되었다. AI는 실시간 데이터 분석, 고빈도 거래 및 포트폴리오 최적화에 활용되며, 인간과의 협업 가능성도 크다.

AI와 민주주의?

헤지펀드 산업과 AI의 만남

AIMA(Alternative Investment Management Association, 대체 투자 운용사 협회)의 2024년 보고서에 따르면, 전 세계 157개 헤지펀드 매니저 중 86%가 직원에게 생성형 AI 도구 접근을 허용하고 있으며, 직원들은 이 기술을 투자 분석, 코드 자동화, 마케팅 콘텐츠 작성 등에 활용하고 있다(MarketsMedia, 2024). AIMA는 1990년 설립된 글로벌 대체 투자 산업 대표 기관으로, 헤지펀드, 사모펀드 등 비전통 자산 운용사의 정책과 기술 동향을 조사·대변한다. 특히 운용 자산 10억 달러 이상인 대형 펀드의 64%는 자체 생성형 AI 툴을 개발하고 있으며, 58%는 포트폴리오 운용에 직접 활용하고 있다. 반면, 중소형 펀드는 상용 도구 활용 비중이 높고 인프라 구축은 제한적이다. 주요 도입 장애로는 데이터 보안 우려(41%), 생성물의 신뢰성 부족(36%), 전문 인력 부족(33%)이 꼽힌다. 그럼에도 전체 응답자의 72%는 생성형 AI가 향후 경쟁력 강화를 위한 핵심 기술이 될 것이라고 전망했다. 이는 단순한 기술 도입을 넘어 AI가 헤지펀드 산업 구조에 중대한 변화를 초래하고 있음을 시사한다.

AI의 주요 활용 분야

헤지펀드에서 AI 기술은 전통적 머신러닝, 딥러닝, 생성형 AI 등 다양한 형태로 활용되고 있다. 머신러닝은 경험 데이터를 바탕으로 컴퓨터가 스스로 성능을 개선하는 기술이며, 딥러닝은 다층 신경망을 통해 복잡한 패턴을 학습해 인간의 개입을 최소화한다. 생성형 AI는 방대한 데이터셋(Dataset)을 바탕으로 텍스트, 이미지, 기타 미디어 등 새로운 콘텐츠를 직접 만들어 내는 인공지능의 하위 분야다. 2023년 1월 마켓메이커스(Market Makers) 조사에 따르면 상위 50개 헤지펀드 트레이더의 90%가 투자 결정에 AI를 활용할 계획이라고 답해, 업계 전반에 AI 도입이 빠르게 확산되고 있음을 보여 준다(Yahoo Finance, 2023).

포트폴리오 관리에서 AI는 과거 데이터와 실시간 정보를 바탕으로 비선형 관계와 시장의 복잡성을 반영해 최적의 자산 배분과 리스크 관리를 지원한다. 블랙록(BlackRock)은 알라딘 포트폴리오 가드(Aladdin Portfolio Guard)로 수십억 개의 포트폴리오 조합을 분석해 이상적인 자산 구성을 제안한다(Zaveri, 2024). 거래 영역에서는 AI 기반 알고리즘이 고빈도 거래와 시장 미시구조 변화에 신속하게 대응하며, 점프 트레이딩(Jump

Trading)은 AI 엔진으로 실시간 전략 최적화를 실현하고 있다(Zaveri, 2024). 대안 데이터 분석에서는 위성 이미지, 신용 카드 거래, 웹 트래픽 등 비전통적 데이터에서 신호를 추출해 거래 전략을 강화한다. 맨 에이에이치엘(Man AHL)과 투 시그마(Two Sigma)는 머신러닝으로 경제 활동 변화를 감지하는 데 AI를 활용한다(Zaveri, 2024).

자연어 처리 기술은 뉴스, 실적 발표, 소셜 미디어 감성 등 시장 심리를 정량화해 투자 전략에 반영한다. 예를 들어, 포인트72(Point72)는 수익 발표 콜의 감정 분석 결과를 거래 전략에 자동 반영한다(Zaveri, 2024). 리스크 관리에서도 AI는 포지션을 실시간 모니터링하고 잠재적 손실을 선제적으로 완화한다. 브리지워터 어소시에이츠(Bridgewater Associates)는 디시전 메이커(Decision Maker)라는 머신러닝 모델로 방대한 경제 · 시장 데이터를 분석해 데이터 기반의 투자 결정을 내리고 있다(Zaveri, 2024). 사기 탐지 및 컴플라이언스 분야에서도 AI는 내부자 거래, 시장 조작 등 이상 징후를 실시간 감지해 헤지펀드의 무결성을 강화한다. 맨 그룹(Man Group)은 AI 감시 시스템으로 비정상적인 활동을 탐지하고 컴플라이언스 팀에 즉시 알린다(Zaveri, 2024). 이처럼 AI는 헤지펀드의 투자, 리스크 관리, 사기 탐지 등 전 과정에서 핵심 도구로 자리 잡고 있다.

AI를 헤지펀드에 활용한 사례

AI는 글로벌 헤지펀드 업계에서 투자 전략과 성과를 혁신적으로 변화시키고 있다. 대표적 사례로 르네상스 테크놀로지스(Renaissance Technologies)는 머신러닝과 빅데이터 분석을 활용해 고빈도 거래와 다중 자산 운용 전략을 구사하며, 1988년부터 2018년까지 연평균 66% 이상의 수익률, 2024년에도 메달리온 펀드(Medallion Fund)에서 30%의 수익률을 기록했다(Hedgeweek, 2025).

투시그마는 자연어 처리와 다양한 대체 데이터 활용, 예측 모델링을 통해 2024년 주요 펀드에서 10~14%대의 수익률을 달성하고, 450억 달러 이상의 포트폴리오를 운용 중이다(Hedgeweek, 2025). 브리지워터 어소시에이츠는 머신러닝과 인간의 통찰력을 결합한 퓨어 알파(Pure Alpha) 전략, 경제 데이터 분석, 올 웨더(All Weather) 전략 등으로 안정적 수익과 세계 최대 헤지펀드 지위를 유지하고 있으며, 최근 20억 달러 규모의 머신러닝 펀드를 신설해 AI 역량을 더욱 강화하고 있다

(Dales Report, 2024).

맨 그룹은 자체 AI 플랫폼 맨GPT(ManGPT)와 데이터 · 머신러닝 전담팀을 통해 체계적 트레이딩, 다중 전략 펀드, ESG 투자 등에서 AI의 역할을 확대하고 있다(Business Insider, 2023). 시타델(Citadel)은 딥러닝, 강화 학습, 칼만필터(Kalman Filter) 등 첨단 AI 기법을 고빈도 거래와 리스크 관리에 적용해 초저지연 트레이딩과 시장 변동성 대응력을 높이고 있다(LinkedIn, 2024). 디이 쇼(DE Shaw)는 데이터 기반 양적 투자와 전통적 분석을 결합한 '퀀타멘털(Quantamental)' 전략으로 AI의 강점을 극대화하고 있다.

글로벌 시장 규모도 빠르게 성장하고 있다. 2024년 헤지펀드 시장은 5조3000억 달러로 평가됐으며, AI · 머신러닝 기반 펀드가 전체 거래량의 40% 이상을 차지한다. 2024년 증권거래위원회(SEC) 보고서에 따르면, AI 기반 거래 전략을 구축한 헤지펀드는 경쟁사 대비 평균 12% 높은 성과를 기록했다(Clarigro, 2024).

이처럼 AI는 데이터 분석, 예측 모델링, 리스크 관리, 고빈도 거래, 대안 데이터 활용 등 다양한 영역에서 헤지펀드의 투자 프로세스를 혁신하고 있다. 동시에 데이터 보안, 인재 확보, 설명 가능성, 규제 대응 등 새로운 과제도 대두되고 있지만, AI를 적극 도입한 펀드와 그렇지 않은 펀드 간의 성과 격차는 앞으로 더욱 확대될 전망이다. AI는 이제 글로벌 헤지펀드 업계의 표준이자 미래 경쟁력의 핵심 동력으로 자리 잡고 있다.

AI, 헤지펀드 수익률을 개선했다

AI는 최근 헤지펀드 업계에서 수익률 개선의 핵심 동력으로 자리 잡고 있다. 2024년 기준, AI 기반 헤지펀드는 전통적 전략 대비 평균 12% 더 높은 성과를 기록했으며, 머신러닝이 적용된 통계적 차익 거래 전략에서는 5~7%의 추가 수익률이 확인되었다(Clarigro, 2024). AI는 대용량 데이터 처리와 비선형 관계 분석, 실시간 시장 심리 파악 등에서 인간 분석가를 뛰어넘는 효율성을 보인다.

예측 분석과 이상 탐지 알고리즘을 활용해 시장 하락이나 손실 위험을 사전에 감지하고, 포트폴리오 손실을 15% 줄이는 등 리스크 관리에서도 탁월한 성과를 내고 있다. 또한 AI 기반 퀀트 전략은 2024년 전체 헤지펀드 거래량의 40% 이상을 차지하며, 대안 데이터와 자연어 처리, 컴퓨터 비전 등 첨단 기술을 활용한 알파 생성도 두드러진다. 프라이스워터하우스쿠퍼스(PwC, Pricewater-houseCoopers)와 SEC 등 주요 기관 보고서에 따르면,

AI 도입 헤지펀드는 전통적 펀드보다 알파와 자산 운용 규모, 수익성 등 모든 지표에서 우위를 보이고 있다. 이러한 실증적 성과는 AI가 단순한 보조 도구를 넘어, 헤지펀드의 전반적 경쟁력과 미래 성장의 핵심으로 부상했음을 보여 준다.

AI 애널리스트의 한계와 도전 과제

AI의 도입이 늘어나고 있지만 여전히 한계와 과제도 있다. 첫째, AI 모델은 입력 데이터의 품질과 편향에 크게 영향을 받는다. 데이터가 불완전하거나 왜곡될 경우, 잘못된 투자 신호를 낼 수 있다. 둘째, AI의 '블랙박스' 문제로 인해 투자 결정의 근거를 명확히 설명하기 어렵고, 이는 규제 대응과 투자자 신뢰 확보에 장애가 된다. 셋째, AI가 시장에 널리 확산될수록 투자 전략의 차별화가 어려워지고, 군집 행동(Herding Behavior) 위험이 커진다. 넷째, AI 도입과 운영에는 막대한 비용이 소요되며, 실제 수익률이 시장 평균을 상회하지 못하는 경우도 많다.

참고문헌

Business Insider(2023.11.13). The new AI head at Man Group, the largest publicly listed hedge fund, breaks down his plans to

change how investors work.
https://www.businessinsider.com/man-group-new-ai-team-plans-alpha-assistant-2023-11
Clarigro(2024.12.5). AI impact on hedge fund performance and what to expect in 2025.
https://www.clarigro.com/ai-impact-on-hedge-fund-returns-performance
Hedgeweek(2025.1.14). Renaissance tech and two sigma lead 2024 quant gains.
https://www.hedgeweek.com/renaissance-tech-and-two-sigma-lead-2024-quant-gains
LinkedIn(2024.6). The year of AI-driven hedge fund innovations and launches.
https://www.linkedin.com/pulse/year-ai-driven-hedge-fund-innovations-launches-paragonalpha-cffpf
MarketsMedia(2024). 86% of hedge funds give staff access to Gen AI tools.
https://www.marketsmedia.com/86-of-hedge-funds-give-staff-access-to-gen-ai-tools
The Dales Report(2024.7.8). Bridgewater launches $2 billion machine learning fund.
https://thedalesreport.com/ai-technology/bridgewater-launches-2-billion-machine-learning-fund
Yahoo Finance(2023.1.19). Market makers survey reveals widespread adoption of AI in hedge fund industry for 2023.
https://finance.yahoo.com/news/market-makers-survey-reveals-widespread-192800924.html
Zaveri, P.(2024.9.25). 10 surprising ways AI is transforming hedge funds. Arootah.

https://arootah.com/blog/hedge-fund-and-family-office/risk-management/how-ai-is-changing-hedge-funds

07
AI 애널리스트 리서치의 실제 구현과 글로벌 사례

AI의 도입으로 글로벌 리서치 업계는 데이터 분석과 보고서 작성의 속도, 정확성, 효율성이 혁신적으로 향상되고 있다. 실제 AI 리서치 보고서 생성 사례와 그 구조, 글로벌 금융 기관의 활용 현장을 살펴본다.

AI와 애니메이션?

AI 리서치 보고서, 어떻게 만들어지는가

AI 리서치 보고서는 데이터 수집, 정제, 분석, 내러티브 작성, 시각화 등 전 과정을 자동화한다. 사용자가 종목이나 주제를 입력하면 AI는 실시간으로 재무제표, 시장 데이터, 뉴스, 소셜 미디어 등 다양한 소스를 수집·정제해 핵심 정보를 추출한다. 머신러닝과 자연어 처리 기술을 활용해 성장률, 수익성, 리스크, 경쟁사 비교, 시장 심리 등 주요 지표를 분석하고, 이를 바탕으로 서론, 본론, 결론, 투자 의견 등 보고서 구조에 맞춰 내러티브를 생성한다. 최종 결과물은 PDF, 웹, CSV 등 다양한 포맷으로 제공되며, 투자자 수준에 따라 맞춤형 요약도 가능하다(NexusTrade, 2025).

특히 AI는 방대한 데이터를 빠르게 처리할 뿐 아니라 시장 심리와 뉴스 흐름을 실시간으로 반영해 투자자에게 시의적절한 인사이트를 제공한다. 보고서는 일관된 품질과 객관성을 유지하며, 투자자의 다양한 요구에 맞춘 맞춤형 분석을 지원한다. 이러한 자동화된 리서치 보고서는 투자 결정의 속도를 높이고, 정보 비대칭을 줄이며, 투자 효율성을 극대화하는 데 기여한다.

더 나아가 AI 리서치 플랫폼은 지속적인 학습과 업데이트를 통해 최신 시장 동향과 기업 정보를 반영하며, 투자자들이 변화하는 시장 환경에 신속히 대응할 수 있도록 돕는다. 이로 인해 개인 투자자뿐 아니라 기관 투자자들도 AI 기반 리서치 도구를 적극 활용해 경쟁력을 강화하고 있다.

이처럼 AI 리서치 보고서는 단순한 데이터 요약을 넘어, 심층 분석과 전략적 인사이트 제공, 그리고 다양한 포맷과 맞춤형 서비스로 투자자들의 의사 결정을 혁신적으로 지원하고 있다.

실제 AI 리서치 보고서의 구조와 특징

AI가 작성한 리서치 보고서는 서론, 기업 개요, 재무 분석, 시장 동향, 경쟁사 비교, SWOT 분석, 투자 의견, 목표 주가 등으로 구조화된다. 예를 들어 넥서스트레이드(NexusTrade)의 정밀 실사 보고서(Deep Dive) 리포트는 손익 계산서, 대차 대조표, 현금 흐름표를 기반으로 성장성·수익성·안정성 지표를 도출하고, 경쟁사와의 비교, 최신 뉴스와 시장 심리 분석, 투자 리스크와 기회, 그리고 최종 투자 의견까지 제공한다. 허드슨 랩스(Hudson Labs)의 보고서는 SEC 공시 자료와 AI 모델을 결합해, 데이터 기반 인사이트와 리스크 요인, 동종 업체 대비 강점·약점 등을 표와 그래프로 시각화한다. 핀챗

챗아이오(FinChat.io)는 사용자의 질문에 따라 맞춤형 요약과 DCF(Discounted Cash Flow Analysis Library, 현금 흐름 할인 분석 도구) 모델, 애널리스트 의견, 목표 주가 등 다양한 정보를 실시간으로 제공한다. 이처럼 AI 리서치 보고서는 반복적이고 표준화된 분석을 넘어, 실시간 데이터 반영과 맞춤형 내러티브, 시각화, 다양한 포맷 지원 등에서 차별화된다.

글로벌 AI 리서치 플랫폼의 실제 사례

글로벌 AI 리서치 플랫폼은 투자 리서치의 자동화와 고도화를 실현하며, 개인과 기관 투자자 모두에게 혁신적인 분석 도구를 제공하고 있다. 넥서스트레이드는 사용자가 종목을 입력하면 재무제표 분석, 기술적 지표, 경쟁사 비교, SWOT, 뉴스, 투자 의견까지 포함된 종합 리포트를 몇 분 만에 자동으로 생성한다. 이 플랫폼은 코딩 없이 드래그 앤 드롭(Drag and Drop) 방식으로 전략을 설계할 수 있으며, AI 코파일럿(Copilot) '오로라(Aurora)'가 자연어 명령을 해석해 전략을 생성하고, 실시간 거래 실행과 감성 분석, 재무 지표 분석 등 종합적인 리서치 기능을 제공한다. 실제로 휴먼 애널리스트와 유사한 수준의 리포트 품질을 보이며, 투자 교육과 실전 전략 설계까지 지원한다(NexusTrade, 2025).

핀크(FINQ)는 S&P 500 종목을 대상으로 AI 기반 실시간 랭킹과 분석을 제공한다. 핀크풀(FINQFULL) 시스템은 월스트리트 애널리스트 의견, 미디어, 기업 데이터를 통합해 시장 변화에 신속하게 대응하며, 정량적 분석과 기본적 투자 원칙을 결합한 '퀀터멘털' 접근법을 사용한다. 2023년 핀크의 AI 분석은 S&P 500을 능가하는 성과를 기록했으며, 투자자에게 투명하고 데이터 기반의 인사이트를 제공한다. 특히 핀크의 랭킹 시스템은 시장 변동성에 민감하게 반응해, 투자자들이 최신 정보를 바탕으로 신속하게 의사 결정을 내릴 수 있도록 돕는다(FINQ, 2025).

허드슨 랩스는 3억 건 이상의 SEC 공시 자료를 학습한 AI 모델을 기반으로, 기업별 맞춤형 리스크 평가, 동종업체 비교, 포렌식 분석, 투자 아이디어 발굴을 자동화한다. 분석 결과는 CSV, 표, 메모 등 다양한 형식으로 제공되며, 원본 문서와 연결되어 신뢰성을 보장한다. 이 플랫폼은 SEC 집행 가능성 예측, 파산 위험 추적, 내부 통제 취약점 식별 등 고급 분석 기능도 지원하며, 기관 투자자의 실무에 직접 활용되고 있다. 또한 AI가 다양한 비정형 데이터를 통합해 실질적인 투자 아이디어를 발굴하고, 포트폴리오 위험 모니터링까지 지원한다(Hudson Labs, 2025).

핀챗닷아이오는 대화형 AI 리서치 플랫폼으로, 사용자가 질문을 입력하면 재무 정보, 주가, DCF 모델, 동종 업체 비교, 애널리스트 의견, 목표 주가 등을 실시간으로 분석해 답변한다. 15만 명 이상의 투자자가 활용하고 있으며, S&P 마켓 인텔리전스(Market Intelligence) 등 신뢰성 높은 데이터와 결합해 맞춤형 분석과 대화형 인터페이스를 제공한다. 투자자는 자신만의 리서치 터미널을 구성할 수 있고, 주요 지표를 편집 · 저장하며, 빠르고 깊이 있는 분석을 경험할 수 있다(aitoolselection, 2025).

이처럼 글로벌 AI 리서치 플랫폼들은 방대한 데이터 처리, 실시간 분석, 내러티브 생성, 시각화, 맞춤형 서비스 등에서 기존 리서치의 한계를 뛰어넘는 혁신을 선보이고 있다. AI는 투자자에게 더 빠르고 신뢰성 높은 의사결정 도구를 제공하며, 리서치 자동화의 표준을 새롭게 정의하고 있다.

글로벌 금융 기관의 AI 리서치 자동화 도입

글로벌 금융 기관들은 AI 리서치 자동화에 선도적으로 투자하며, 리서치 보고서 작성과 분석의 효율성을 크게 높이고 있다. 대표적으로 골드만삭스(Goldman Sachs)는 2024년 말 'GS AI Assistant'를 출시해 1만 명의 직원에게 배포하고, 2025년까지 전 지식 근로자에게 확대할 계획이다. 이 플랫폼은 오픈AI의 챗GPT, 구글 제미나이, 메타 라마 등 다양한 대형 언어 모델을 결합한 멀티모델 접근법을 사용한다. 실적 발표 컨퍼런스콜 분석에는 버트 기술을 도입해 텍스트와 음성의 감정까지 분석하며, 문서 인텔리전스 업무에서 1561%의 성능 향상을 달성했다(Investing.com, 2024).

JP모건체이스(JPMorgan Chase)는 2024년 말 기준 20만 명 이상의 직원에게 대규모 언어 모델 기반 사내 도구 세트(LLM Suite)를 배포하고, 2024년 5월에는 GPT-4 기반의 '인덱스GPT(IndexGPT)'를 출시했다. 이 시스템은 뉴스 기사에서 추출한 AI 생성 키워드를 바탕으로 새로운 테마 투자 지수를 만들고, 기존 휴먼 애널리스트보다 빠른 속도로 시장 트렌드에 대응한다. JP모건은 AI 이니셔티브를 통해 연간 20억 달러의 가치 창출을 기대하며, 1500명의 데이터 사이언티스트와 머신러닝 엔지니어가 400개 이상의 AI 활용 사례를 개발하고 있다(Investing.com, 2024).

모건 스탠리(Morgan Stanley)는 오픈AI와의 협업을 통해 'AI @ 모건 스탠리 어시스턴트(AI @ Morgan Stanley Assistant)'와 '애스크리서치GPT(AskResearch GPT)' 등 다양한 생성형 AI 도구를 도입했다. 이 플랫폼은 10만 건 이상의 리서치 문서에 대한 GPT-4 기반 분석을 제공하며, 연간 7만여 개의 독점 리서치 리포트를 처리한다. 실제로 재무 자문팀 어드바이저 팀의 98%가 AI 도구를 활용하고 있으며, 고객 문의 응답 시간은 기존의 10분의 1로 단축됐다. 회의 내용 자동 요약, 후속 이메일 생성 등도 가능해져 애널리스트 생산성이 10배 향상되었다(Miilk, 2024).

유비에스(UBS)는 AI 아바타가 출연하는 동영상 보고서를 2025년 연간 5000개까지 확대할 계획이다. UBS는 오픈AI와 영국 AI 스타트업 신세시아(Synthesia)의 기술을 활용해 애널리스트의 외모와 목소리를 캡처한 디지털 아바타를 제작, 텍스트 보고서를 자동으로 영상 콘텐츠로 변환한다. 이 과정에서 애널리스트의 승인 절차를 마련해 품질과 신뢰성을 확보하고 있다. UBS는 AI 아바타 기술이 실제 애널리스트를 대체하는 것이 아니라, 콘텐츠 접근성과 업무 효율성을 높이는 데 목적이 있다고 설명한다(Financial Times, 2025).

블룸버그는 350명 이상의 AI 연구원과 엔지니어를 두고, 머신러닝과 생성형 AI를 활용해 애널리스트 업무의 80%를 자동화할 수 있는 도구를 개발 중이다. 블룸버그 터미널의 AI 기반 뉴스 요약, 데이터 분석, 자동 리포트 생성, 2억 건 이상의 문서 검색 기능 등을 통해 연구원 생산성을 최대 10배까지 높이고 있다. 특히 비정형 데이터의 신속한 분석과 요약, 의미론적 질문에 대한 답변 등에서 큰 강점을 보인다(AI Matters, 2025).

이처럼 글로벌 금융 기관들은 AI 리서치 자동화를 통해 방대한 금융 데이터의 신속한 분석, 업무 속도 및 정확성 향상, 비용 절감, 휴먼 애널리스트와의 협업을 통한 전략적 사고 강화 등 다양한 혁신을 실현하고 있다. AI의 도입은 단순한 업무 자동화를 넘어, 리서치 보고서의 품질과 범위, 접근성을 획기적으로 높이고 있다. 앞으로도 AI 리서치 자동화는 글로벌 금융 업계의 경쟁력과 서비스 품질을 한 단계 끌어올릴 핵심 동력으로 자리 잡을 전망이다.

참고문헌

AI Matters(2025.4.1). 블룸버그 CTO "AI로 애널리스트 업무 80% 간소화 가능".
https://aimatters.co.kr/news-report/ai-news/18546

aitoolselection(2025). https://aitoolselection.com/finchat-io

Financial Times(2025.5.19.). UBS deploys AI analyst clones. https://www.ft.com/content/0916d635-755b-4cdc-b722-e32d94ae334d

FINQ blog(2024). 2023 financial analysis: FINQ's triumph over the S&P 500. https://blog.finqai.com/articles/financial-analysis-end-of-year-report-2023

Hudson Labs(2025). https://hudson-labs.com

Investing.com(2024.7.14). 골드만 삭스는 이것이 인공지능 시장의 지속 가능성을 위한 필수적인 척도라고 말합니다. https://kr.investing.com/news/stock-market-news/article-432SI-1131802

Investing.com(2024.7.26). JP모건, 내부 리서치 업무를 위한 AI 챗봇 공개. https://kr.investing.com/news/stock-market-news/article-93CH-1145767

NexusTrade(2025). AI-Powered Deep Dive Stock Reports. https://nexustrade.io/deep-dive

The Miilk(2024.5.20). 모건스탠리+오픈AI ... 금융 혁명. https://www.themiilk.com/articles/a8f5d62b3

08
AI 리서치의 활용 전략과 실무 적용 방법

AI 리서치는 금융 업계에서 선택이 아닌 필수 전략으로 자리 잡고 있다. 그러나 실제 조직에서 AI 리서치를 도입해 성과를 내기 위해서는 데이터 인프라 구축, 맞춤형 설루션 선정, 현장 적합 프레임워크 설계, 하이브리드 업무 구조, 지속적 개선 등 복합적이고 체계적인 접근이 필요하다. 최신 논문과 실무 현장 사례를 바탕으로 AI 리서치의 실무 적용 전략과 구체적 방법론을 단계별로 살펴본다.

AI와 인재 채용?

데이터 인프라 구축과 거버넌스

AI 리서치의 실무 적용은 데이터 인프라와 거버넌스 체계 구축에서 출발한다. 전통적 리서치와 달리 AI는 방대한 정형 · 비정형 데이터를 실시간으로 수집 · 정제 · 통합해야 하므로 데이터 품질 관리와 보안, 프라이버시, 컴플라이언스 등 금융업 특유의 규제까지 고려해야 한다(Bhat et al., 2025). 특히 LLM(대형 언어 모델)의 효과적이고 윤리적인 배포를 위해서는 데이터 인프라 구축과 거버넌스가 필수적이다.

데이터 인프라 구축에서는 현대 금융 시장의 급증하는 비정형 금융 데이터 처리가 중요하다. AI와 LLM은 금융 뉴스, 실적 발표, 규제 서류, 애널리스트 보고서, 소셜 미디어 담론 등 다양한 데이터를 지능적으로 자동화하고 해석하여 포트폴리오 구성, 위험 평가, 자본 배분 결정을 지원할 수 있다. 하지만 일반 LLM은 금융 전문 용어의 오해석 등 주식 리서치의 특수성을 다루는 데 한계가 있다. 따라서 핀버트(FinBERT)와 같은 도메인 특화 모델 개발과 맞춤형 데이터셋 확보가 필수적이며, 이를 위해서는 주석이 달린 데이터셋의 확보가 중요하다. 또한 기존 금융 작업 흐름과의 원활한 통합을 위해 견고한 데이터 파이프라인과 시스템 인터페이스 구축도 필요하다.

거버넌스 측면에서는 모델의 해석 가능성과 투명성이 특히 중요하다. 금융 분야의 규제 준수와 투자자 신뢰 확보를 위해서는 모델의 출력을 명확히 설명하고 감사 가능한 통찰력을 제공하는 것이 필수다. 샤플리 누적 해석법(SHAP, SHapley Additive exPlanations), 라임(LIME, Local Interpretable Model-agnostic Explanations), 어텐션(Attention) 기반 시각화 등의 도구가 활용될 수 있으나 아직 표준화가 필요하다. 데이터 편향으로 인한 분석 왜곡 문제를 최소화하고, 데이터 프라이버시와 윤리적 준수 역시 엄격히 관리되어야 한다. 또한 LLM 자동화와 전문가 검증을 결합한 '휴먼-인-더-루프(human-in-the-loop)' 시스템을 구축하여 편향과 과적합, 오해석 등의 위험을 방지할 필요가 있다.

목적별 AI 설루션 선정과 파일럿 프로젝트

실무 적용의 다음 단계는 조직의 목표와 업무 특성에 맞는 AI 설루션을 선정하는 것이다. 머신러닝, 딥러닝, 자연어 처리, 예측 분석 등 목적별로 최적화된 기술을 도입하고, 소규모 파일럿 프로젝트로 실제 업무에 적용해 본다. 예를 들어, LLM 기반 뉴스 분석 도구는 방대한 뉴스 기사와 공시, 소셜 미디어 등 비정형 데이터를 실시간으로 분석해 투자 신호와 시장 심리를 추출하고, 자동화된 실적 보고서 생성기는 기업의 재무제표와 실적 발표문을 분석해 요약 · 평가 · 투자 의견까지 자동으로 제시한다. AI 기반 투자 신호 탐지 시스템은 과거 주가, 거래량, 경제 지표 등 다양한 데이터를 학습해 변동성 예측과 알파 신호를 실시간 제공한다(Le, 2024).

파일럿 단계에서는 데이터 입력, 모델 출력, 업무 프로세스의 적합성을 꼼꼼히 검증한다. 예를 들어, 파일럿 프로젝트에서 LLM이 생성한 보고서의 품질, 해석 가능성, 실무 적용성, 데이터 보안 및 프라이버시 준수 여부를 평가한다. 피드백을 반영해 데이터 전처리, 프롬프트 설계, 모델 파라미터(Model Parameters), 결과 해석 방식 등을 지속적으로 개선하고, 점진적으로 적용 범위를 확대한다.

파일럿 프로젝트의 성공은 조직 내 AI 확산의 신뢰를 높이고, 대규모 도입의 기반이 된다. 결국, 실무 적용의 핵심은 '작은 성공'을 통해 조직 내 신뢰와 역량을 축적하고, 현장 피드백을 바탕으로 AI 설루션을 현업에 맞게 지속적으로 고도화하는 데 있다. 이를 통해 AI 리서치는 단순한 기술 도입을 넘어, 조직의 업무 혁신과 경쟁력 강화의 핵심 동력으로 자리 잡고 있다(Le, 2024; Bhat et al.,

2025; Carrea, 2025).

현장 맞춤형 AI 리서치 프레임워크 설계

현장 맞춤형 AI 리서치 프레임워크 설계의 핵심은 실제 금융 현장의 요구와 업무 흐름에 최적화된 구조를 만드는 데 있다. 최근에는 단일 AI 모델이 아닌, 데이터 집계 · 분석 · 내러티브 생성 등 각 단계별로 특화된 에이전트와 체인 오브 소트(CoT, Chain of Thought) 구조가 주목받고 있다. 대표적 사례인 핀로봇(FinRobot)은 데이터 수집과 정량 분석(Data-CoT), 논리적 해석(Concept-CoT), 투자 논리와 보고서 작성(Thesis-CoT) 등 세 가지 에이전트가 협업하는 다중 에이전트 체계를 도입했다. 이 프레임워크는 휴먼 애널리스트가 실제로 수행하는 단계적 사고 과정을 모방하며, 각 에이전트가 역할별로 특화된 분석과 판단을 수행한다(Zhou et al., 2024).

예를 들어, 데이터코트(Data-CoT) 에이전트는 실시간으로 다양한 정형 · 비정형 데이터를 집계 · 정제해, 재무 지표와 시장 데이터를 통합 분석한다. 콘셉트코트(Concept-CoT) 에이전트는 데이터 기반 인사이트에 더해 산업 트렌드, 경쟁사 비교, 리스크 요인 등 맥락적 해석을 추가한다. 마지막으로 세시스코트(Thesis-CoT) 에

이전트는 앞선 분석 결과를 바탕으로 투자 논리와 보고서 내러티브를 생성해 실제 투자 의사 결정에 활용 가능한 종합 리서치 보고서를 완성한다. 이 체계는 데이터 기반의 객관성과 인간 전문가의 주관적 해석을 결합해, 기존 AI 리서치의 한계를 극복한다.

이 과정에서 인간 전문가의 피드백이 결합된 '휴먼 인 더 루프'가 신뢰성과 실무 적합성을 크게 높인다. 즉, AI가 생성한 초안이나 분석 결과를 현장 애널리스트가 검토 · 수정하고, 그 과정에서 AI는 지속적으로 학습하며 현장 요구에 맞게 고도화된다. 실제로 핀로봇은 글로벌 투자 기관에서 활용되며, 실시간 데이터 파이프라인과 다중 에이전트 구조를 통해 기존 자동화 리서치 도구 대비 더 깊이 있고 실무적인 분석 결과를 제공한다(Zhou et al., 2024).

이처럼 현장 맞춤형 AI 리서치 프레임워크는 데이터 집계, 분석, 내러티브 생성의 단계별로 특화된 에이전트와 인간 전문가의 협업 구조를 결합함으로써 실질적이고 신뢰도 높은 리서치 자동화의 기반을 마련하고 있다. 앞으로도 이러한 다중 에이전트 · CoT 구조와 휴먼 인 더 루프 방식은 AI 리서치의 실무 적용에서 표준이 될 전망이다(Zhou et al., 2024; Bhat et al., 2025).

AI 리서치의 실무 적용은 반복적이고 표준화된 업무(데이터 수집, 요약, 기본 분석 등)는 자동화하고, 고차원적 해석, 전략 수립, 고객 커뮤니케이션 등은 인간이 맡는 하이브리드 전략이 주류다. 실제로 글로벌 금융 기관들은 AI가 리서치 보고서의 70~80%를 자동화하는 한편, 최종 투자 판단과 고객 대응, 복잡한 이슈 해석 등은 애널리스트가 담당하는 구조로 전환하고 있다(Carrea, 2025). AI는 데이터 수집, 정량 분석, 보고서 초안 작성 등에서 속도와 효율성을 극대화하고, 인간은 시장 맥락 해석, 전략적 의사 결정, 윤리적 판단 등 고부가가치 업무에 집중한다.

AI 리서치 실무 적용의 주요 기술

AI 리서치 실무 적용의 주요 기술은 금융 데이터의 복잡성과 업무 자동화 요구에 대응하기 위해 다양한 AI 도구와 방법론을 통합적으로 활용하는 데 있다.

첫째, 머신러닝과 딥러닝은 투자 전략 개발, 리스크 관리, 예측 분석 등에서 핵심 역할을 한다. 예를 들어, 과거 주가와 경제 지표를 학습해 미래 변동성을 예측하거나, 포트폴리오 내 리스크 요인을 실시간으로 감지해 리밸런싱을 자동화한다.

둘째, 자연어 처리는 리서치 보고서 자동화, 뉴스 · 공시 분석, 감성 분석 등 텍스트 기반 업무에 필수적이다. 최신 LLM은 실적 발표문, 뉴스, 공시 등 비정형 텍스트의 요약, 분류, 감성 분석, 투자 논리 자동화 등에서 기존 규칙 기반 시스템을 뛰어넘는 성능을 보이고 있다(Bhat et al., 2025; Le, 2024).

셋째, 이상 탐지 기술은 사기 거래, 비정상 패턴 탐지 등 금융 보안과 리스크 관리 영역에서 활용된다. AI는 거래 내역, 시장 데이터, 고객 행동 패턴을 분석해 이상 징후를 실시간으로 탐지하고, 잠재적 위험을 사전에 차단한다.

넷째, 챗봇과 AI 어시스턴트는 투자자 · 고객 질의 응답, 내부 지식 검색 등에서 업무 효율성을 높인다. 이들은 자연어 질의에 대한 신속한 답변, 리서치 요약, 실시간 시장 정보 제공 등으로 애널리스트의 반복 업무를 대체하거나 지원한다.

다섯째, RPA(Robotic Process Automation, 로보틱 프로세스 자동화)와 데이터 자동화 도구는 반복 업무, 데이터 수집 · 정제, 보고서 생성 등에서 활용된다. 예를 들어, 실적 발표 시즌에 수백 개 기업의 실적 데이터를 자동으로 수집 · 정리해, 분석 및 보고서 작성 시간을 단축한다. 여섯째, 클라우드 및 API 연동은 대규모 데이터 처리와 외부 서비스 연계에 필수적이다. 클라우드 기반 AI 플랫폼은 데이터 저장, 연산, 모델 배포를 유연하게 지원하며, 외부 데이터 공급자와의 연동을 통해 분석 범위와 신뢰성을 높인다.

특히 최근에는 LLM이 금융 리서치의 핵심 인프라로 자리 잡고 있다. LLM은 방대한 금융 텍스트를 실시간으로 분석해, 투자 신호, 시장 심리, 리스크 요인 등 다양한 인사이트를 자동으로 도출한다. 또한, LLM은 프롬프트 설계와 미세 조정(Fine-tuning)을 통해 조직별 맞춤형 리서치 자동화가 가능하며, 휴먼 애널리스트의 피드백을 반영해 지속적으로 고도화된다(Bhat et al., 2025; Le, 2024). 앞으로도 AI 기술의 발전과 현장 적합화가 동시에 이루어지면서, 금융 리서치 실무에서 AI의 역할은 더욱 확대될 전망이다.

참고문헌

Bhat, V. T. et al.(2025). LLM-Powered news research tool for equity analysis. *International Journal of Scientific Research in Computer Science, Engineering and Information Technology, 11*(2), 3343~3346.

Carrea, L.(2025). *Augmented, not replaced: The impact of AI on equity research analysts.* University of South Carolina Senior Theses.

Le, V.-D.(2024). *Auto-Generating earnings report analysis via a financial-augmented LLM.* arXiv:2412.08179.

Zhou, T. et al.(2024). *FinRobot: AI agent for equity research and valuation with large language models.* arXiv:2411.08804.

09
AI 금융 리서치의 위험과 규제

AI 금융 리서치는 혁신적 효율성을 제공하지만 동시에 새로운 위험을 창출한다. 데이터 편향, 환각 현상, 설명 불가능성 등은 금융 의사 결정의 신뢰성을 저해하며, 글로벌 규제 체계는 이러한 도전 과제에 대응하기 위해 진화하고 있다. AI 금융 리서치의 다층적 위험 요소와 국제적 규제 동향, 위험 관리 전략을 체계적으로 분석한다.

AI와 기자?

AI의 금융 분야 활용 시 발생 가능한 위험

금융 분야 AI 적용은 모델 위험과 데이터 편향에서 사이버 보안 위험에 이르기까지 복합적 위험을 유발한다. 머신러닝 모델의 블랙박스 특성은 의사 결정 과정의 투명성을 저해하여 오류 발생 시 책임 소재 규명을 어렵게 만든다(Mullin, 2023). 또한 기계 학습(ML, Machine Learning) 알고리즘의 복잡성은 금융사의 위험 관리 능력을 초과할 수 있으며, 모델 오류가 장기간 미발견되어 큰 손실로 이어질 수 있다.

AI 시스템은 데이터 오염(Data Poisoning)에 취약하여 악성 행위자가 투자 신호를 조작할 위험이 있고, 금융기관의 67%가 생성형 AI 도입 후 사이버 공격 증가를 보고했다(TRM Labs, 2024). 특히 알고리즘 군집 행동은 시장 변동성을 증폭해 시스템적 리스크를 초래한다(BIS, 2024).

AI가 작성한 기업 분석 보고서 활용 시 발생 가능한 위험

생성형 AI가 작성한 기업 분석 보고서는 정보 정확성, 시의성, 맥락 해석 등에서 구조적 취약성을 노출하고 있다.

주요 위험 요소들은 투자 의사 결정의 신뢰성을 저해하고 금융 기관의 운영 리스크를 증가시킬 수 있어 체계적인 관리가 필요하다.

AI 모델이 존재하지 않는 재무 데이터를 생성하는 환각 현상이 기업 분석 보고서에서 빈번하게 발생하고 있다(Le, 2024). 골드만삭스의 실험에서 챗GPT는 기업 실적을 실제보다 34% 과장해서 보고했으며, JP모건 연구에서는 재무제표 분석 오류율이 22%에 달하는 것으로 나타났다. 특히 금융 컨설팅 시나리오에서 AI가 가상의 '시큐어플렉스(SecureFlex) 5년 채권' 이자율을 7.5%로 보고했으나 실제는 5.2%였던 사례처럼, 환각 현상은 투자 결정에 치명적 오류를 유발할 수 있다.

이러한 정보 왜곡은 단순한 데이터 오류를 넘어서 체계적인 투자 실패로 이어질 위험이 크다. AI가 생성한 허위 정보는 표면적으로 논리적이고 정확해 보이기 때문에 투자자들이 이를 검증 없이 수용할 가능성이 높으며, 이는 대규모 손실로 연결될 수 있다.

AI 모델은 경영진 교체, 소송, 급격한 시장 변동 등 실시간 이벤트 반영에 구조적 한계를 보이고 있다. 모건스탠리 캐피털 인터내셔널(MSCI, Morgan Stanley Capital International) 분석에 따르면 급변하는 시장 환경에서

AI는 휴먼 애널리스트 대비 40% 느린 대응 속도를 보이며, 이는 투자 기회 상실이나 위험 노출 증가로 이어진다. 특히 실적 발표 시즌에 AI가 최신 공시 자료를 반영하지 못해 발생하는 '데이터 지연 갭'이 문제가 되고 있다. 이러한 시의성 부족은 급변하는 금융 시장에서 투자자들이 시기를 놓치거나 잘못된 정보에 기반한 의사 결정을 내리게 만드는 주요 원인이 되고 있다.

AI는 재무 비율 추세 분석에는 강점이 있으나 경영진의 전략적 의도나 산업별 정황 해석에서 질적 판단력이 부족하다는 한계를 보이고 있다. 매킨지 보고서는 AI가 계량적 데이터 처리에는 우수하지만 리더십 변화 평가나 전략적 전환 등 비정형적이고 질적 맥락을 반영한 심층 분석에는 취약하다고 평가했다. 예를 들어, 경영진 인터뷰의 미묘한 표현에서 신제품 실패 가능성을 포착하거나 산업 내 경쟁 구도 변화의 함의를 해석하는 능력이 부족해 투자 리스크 평가가 왜곡될 수 있다. 이러한 맥락적 분석 결여는 표면적 데이터에만 의존한 피상적 분석으로 이어져 투자 판단의 질을 저하시킨다.

투자자들이 AI 보고서를 무비판적으로 수용하는 자동화 편향 현상이 심각한 위험 요소로 대두되고 있다. 스탠퍼드대 연구에 따르면 분석가의 68%가 AI 보고서 오류를 인지했음에도 '권위에 압도되어' 이를 무시하는 현상이 확인되었다. 2023년 소프트웨어 기업 커서(Cursor)의 사례에서 AI가 허위 정책 정보('다중 컴퓨터 사용 불가')를 제공해 고객 이탈을 초래했듯이, 과도한 기술 의존이 전문가 판단력을 마비시키는 위험이 증명되었다. 이러한 편향은 투자 전문가들의 비판적 사고 능력을 약화해 중대한 투자 실패로 이어질 수 있다.

생성형 AI는 프롬프트 주입(Prompt Injection) 공격에 노출되어 '내부 재무 데이터 출력' 같은 악성 명령에 취약한 구조적 문제를 안고 있다. JP모건, 웰스파고(Wells Fargo) 등 주요 은행들이 챗GPT 사용 금지를 선언한 것은 AI가 금융 데이터 유출 경로로 작용할 수 있음을 시사한다. 특히 기업분석 과정에서 민감한 재무 정보나 내부 데이터가 AI 시스템을 통해 무단으로 노출될 위험이 있으며, 이는 기업의 경쟁력 손실이나 법적 책임으로 이어질 수 있다. 사이버 보안 전문가들은 AI 기반 분석 도구의 보안 취약점이 금융 기관의 새로운 공격 벡터가 될 수 있다고 경고하고 있다.

AI 금융 리서치의 위험 관리 전략

라임(LIME), SHAP 등 XAI 기술은 AI 의사 결정 과정을 투명화하여 금융 기관이 투자 분석 결과의 신뢰성을 확보할 수 있도록 지원한다. 웰스파고는 대출 승인 모델에 SHAP 값을 적용해 변수 기여도를 시각화하고, 고객에게 거절 사유를 명확히 설명하는 시스템을 구축했다(Polestar, 2024). 이는 유럽연합(EU) AI 법안(EU AI Act, 2024)이 요구하는 알고리즘 투명성 기준을 선제적으로 충족하는 사례로 블랙박스 문제 해결과 규제 준수를 동시에 실현한다.

카카오뱅크의 한국형 거버넌스 프레임워크는 성별·연령 변수 마스킹, 대체 데이터 공정성 점검, 다문화 팀 검증을 통해 편향을 사전 차단한다(카카오뱅크, 2024). IBM AI 페어니스(Fairness) 360 툴킷과 같은 오픈 소스 도구를 활용한 정기적 편향 감사는 평등 기회(Equal Opportunity), 인구통계학적 동등성(Demographic Parity) 등 공정성 메트릭을 실시간 모니터링한다. 연구에 따르면 다양성 높은 개발팀이 설계한 AI 모델은 편향 발생률이 40% 낮아 윤리적 리스크를 효과적으로 감소시킨다(Goover, 2025).

JP모건은 분기별 레드팀 평가를 실시해 프롬프트 인젝션, 데이터 오염 등 취약점을 사전 식별하며(TRM Labs, 2024), 한국금융연구원(2024)은 백테스팅을 통해

2008년 금융 위기 · 2020년 팬데믹 등 블랙스완 이벤트 시나리오에서 AI 모델의 강건성을 검증할 것을 권고한다. 특히 실적 발표 시즌에는 A/B 테스팅으로 휴먼 애널리스트 대비 AI 출력의 정확성을 비교 평가해 데이터 지연 갭(Data Delay Gap)을 최소화한다(Le, 2024).

대부분 글로벌 금융 기관은 AI 윤리 위원회(1차), 독립적 모델 위험 관리팀(2차), 내부 감사팀(3차)으로 구성된 3층 방어 구조를 갖춘다. 1차 방어선인 개발팀은 일상적 모니터링을, 2차는 모델 검증과 성능 평가를, 3차는 AI 시스템 전반의 거버넌스 효과성을 감사해 책임 소재를 명확히 한다(한국금융연구원, 2024). 이는 EU 책임 지침(2025)이 요구하는 '제공자-사용자-데이터 관리자 공동 책임' 체계를 선제적으로 구현한 사례다.

글로벌 AI 금융 규제 프레임워크

글로벌 금융 시장에서 AI의 활용이 빠르게 확산되면서 각국은 AI가 금융 시스템에 미치는 영향과 잠재적 위험에 대응하기 위해 규제 프레임워크를 정비하고 있다(한국금융연구원, 2024). 유럽 연합은 2025년 시행되는 EU AI 법안(EU AI Act)을 통해 AI 시스템을 위험 수준에 따라 분류하고, 금융 분야의 신용 평가, 사기 탐지, 알고리즘 트레이딩 등은 '고위험'으로 지정하여 엄격한 규제 요건을 적용한다(EU AI Act, 2024). 이 법은 알고리즘의 투명성, 인간 감독, 편향 테스트, 공정성 검증 등 구체적인 의무를 부과하며, 위반 시 전년도 글로벌 매출의 7% 또는 3500만 유로 중 높은 금액의 벌금이 부과된다. 특히, AI 시스템의 투명한 작동과 인간의 최종 감독 구조를 필수적으로 요구하며, 공급자뿐 아니라 배포자, 수입 업자, 유통 업자에게도 의무가 부과되어 글로벌 기업 전반에 큰 영향을 미치고 있다.

미국은 EU와 달리 통합적 규제보다는 증권거래위원회(SEC), 금융산업규제기구(FINRA), 연방준비제도(Fed) 등 다양한 기관이 부문별로 AI 금융 리서치와 활용에 관한 지침을 제공하고 있다. SEC는 2024년 생성형 AI 투자 자문 규칙을 도입하여 분석가와 기계 간 책임 분담, 알고리즘 감사 추적, 고객 충돌 관리 등을 강화했다. 미국은 AI 기술의 혁신성과 시장 경쟁력을 중시하면서도 소비자 보호와 금융 안정성을 위한 감독 체계를 강화하는 방향으로 규제를 발전시키고 있다.

한국은 금융위원회가 2024년 8월 '금융분야 망분리 개선 로드맵'을 발표하고, 12월에는 '금융권 생성형 AI 활용 지원 방안'을 통해 상용 AI와 오픈 소스 AI의 투트

랙(Two-track) 활용 체계를 구축했으며, 금융권 AI 플랫폼 구축, 금융 특화 한글 말뭉치 데이터 지원, AI 거버넌스 원칙 마련 등을 통해 금융 혁신과 보안의 균형을 추구하는 한국형 AI 금융 규제 모델을 확립했다.

참고문헌

카카오뱅크(2024). AI 규제 동향과 카카오뱅크 AI 거버넌스.

한국금융연구원(2024). 금융에서의 AI 확산에 내재한 잠재적 위험과 관리 방안의 모색.

Goover(2025). AI가 이끄는 금융 혁신, 리스크 관리의 새로운 패러다임. https://seo.goover.ai/report/202504/go-public-report-ko-1f18a86e-a2a0-4e1b-b2a0-bd119a312396-0-0.html

BIS(2024). Artificial Intelligence and the economy: Implications for central banks. https://www.bis.org/publ/arpdf/ar2024e3.htm

EU AI Act(2024). The EU artificial intelligence act. https://artificialintelligenceact.eu

Federal Reserve Board(2011). Supervisory guidance on model risk management. SR 11-7.

Le, V.-D.(2024). *Auto-Generating earnings report analysis via a Financial-Augmented LLM.* arXiv:2412.08179.

Mullin, J.(2023). Artificial Intelligence and Bank Supervision. *Econ Focus*, Second Quarter 2023, pp.9-11.

Polestar(2024). Understanding the AI reasoning with explainable artificial intelligence(XAI).

https://www.polestarllp.com/blog/complete-guide-why-businesses-need-explainable-ai

TRM Labs(2024). US treasury issues report on AI cyber and fraud risks for financial institutions.
https://www.trmlabs.com/resources/blog/us-treasury-issues-report-on-ai-cyber-and-fraud-risks-for-financial-institutions

10
인간과 AI 협업 모델

금융 리서치의 현장은 휴먼 애널리스트와 AI가 각자의 강점과 한계를 드러내며 빠르게 변화하고 있다. AI는 방대한 데이터 처리와 정량적 분석에서 탁월한 효율성을 보이지만 시장의 맥락 해석과 내러티브, 재량적 판단에서는 인간의 역할이 여전히 중요하다. 두 집단의 장단점을 진단하고, 효과적인 협업 모델과 실제 사례, 그리고 앞으로의 전망까지 금융 리서치 혁신의 방향을 살펴본다.

AI와 미래 의사?

휴먼 애널리스트와 AI 애널리스트: 장단점과 협업의 필요성

기업 분석 보고서와 증권 리서치의 현장은 휴먼 애널리스트와 AI가 각자의 강점과 한계를 드러내는 무대다. AI는 방대한 데이터를 신속하게 처리하고, 반복적 · 정량적 분석에서 인간을 능가하는 정확도와 효율성을 보여준다(Dong, 2024). 반면, 휴먼 애널리스트는 시장의 맥락을 이해하고, 비정형적 변수와 복잡한 기업 이슈, 정책 변화, 경영진의 의도 등 정성적 요소를 해석하는 데 강점을 가진다(Dong, 2024).

AI는 감정에 휘둘리지 않는 객관성과 빠른 계산 능력을 제공하지만 내러티브 구성이나 재량적 판단, 미묘한 시장 변화에 대한 통찰에서는 여전히 인간의 역할이 중요하다. 두 집단의 장단점은 상호 보완적이며, 협업을 통해 더 높은 품질의 리서치 보고서가 탄생할 수 있는 기반이 된다.

AI의 분석 엔진 역할과 한계

최근 AI는 방대한 데이터의 신속한 처리, 숨겨진 패턴의 식별 그리고 정량적 예측의 객관성에서 휴먼 애널리스트를 능가하는 성과를 보여 주고 있다. 신경망 기반 딥러닝 모델은 14년에 걸친 재무제표 원본 데이터를 극히 짧은 시간과 비용으로 처리하며, 인간 전문가조차 놓치기 쉬운 복잡한 비선형 관계와 패턴을 효과적으로 찾아낸다. 실제로 AI는 12개월 목표 가격 예측에서 휴먼 애널리스트보다 높은 정확도를 기록했으며, 감정이나 이해관계에 영향을 받지 않아 예측 편향이 적다는 점도 강점이다(Dong, 2024).

핀로봇(FinRobot)과 같은 최신 AI 에이전트는 데이터 수집, 개념 해석, 투자 논리 작성 등 리서치의 전 과정을 자동화하며, 보고서의 정확성, 논리성, 스토리텔링 등 다양한 품질 지표에서 전문가 평가를 통과했다(Zhou et al., 2024). 딜로이트(Deloitte) 역시 AI가 반복적 · 표준화된 분석 업무를 혁신적으로 단축하고, 리서치의 효율성과 신뢰성을 높이고 있음을 강조한다.

그러나 EY와 핀로봇 연구진의 평가에 따르면, AI가 작성한 보고서는 내러티브와 스토리텔링 측면에서 인간의 보완이 필요하다. AI는 데이터 중심적 분석에 강점을 보이지만 산업 정책 변화, 경영진의 의사 결정, 시장 내 미묘한 신호 등 맥락적 해석과 설득력 있는 스토리 구성에서는 한계가 드러난다. 특히, 비정형적 이슈나 뉴스 중심의 우량주 분석, 시장 심리 해석 등에서는 휴먼 애널리스트의 정성적 판단이 필수적임이 반복적으로 확인되고 있다(Zhou et al., 2024).

인간의 전략적 해석과 상호 보완적 협업 구조

효과적인 협업 모델은 AI의 강력한 분석 엔진 역할과 인간의 해석적 · 전략적 전문성을 결합하는 데서 출발한다. EY는 AI가 데이터 기반의 분석과 예측을 제공하고, 휴먼 애널리스트가 이를 비판적으로 평가하며, 시장의 맥락을 해석하고, 내러티브를 완성하는 구조를 이상적인 협업 모델로 제시한다. 인간은 AI가 생성한 예측의 편향성을 검토하고, HHI(경쟁 집중도)나 ROA(총자산 수익률) 등 인간이 정의한 변수와 질적 요인을 AI 모델에 통합함으로써 예측의 신뢰도를 높일 수 있다(Dong, 2024). 또한, 애널리스트는 공개 정보 해석, 새로운 정보 발굴, 추천 제공 등 시장에 대한 통찰과 커뮤니케이션 역량을 통해 투자자의 신뢰와 기업의 투자자 인지도를 높이는 역할을 수행한다.

딜로이트는 실제 금융 기관에서 AI가 반복적 분석과 데이터 처리 효율을 극대화하고, 인간은 전략 수립, 고객 소통, 보고서의 최종 품질 관리에 집중하는 하이브리드 모델이 확산되고 있음을 강조한다. 핀로봇 사례 역시, AI가 작성한 보고서의 최종 품질과 신뢰성은 인간의 검증과 보완을 통해 완성된다는 점을 보여 준다. EY는 이러한 협업 구조가 리서치 보고서의 신뢰도와 설득력을 높이고, 조직 전체의 생산성과 혁신 역량을 강화한다고 분석한다.

결국 효과적인 인간-AI 협업 모델은 AI가 대규모 데이터를 신속하게 분석하고 객관적인 예측을 제공하는 기반 역할을 하며, 인간은 이러한 AI의 분석 결과를 해석하고, 질적 요인을 통합하며, 비판적 사고와 직관을 통해 최종적인 투자 결정을 내리는 상호 보완적 구조로 귀결된다(Dong, 2024; Zhou et al., 2024).

글로벌 투자 금융사의 하이브리드 협업 시스템

글로벌 투자 금융사들은 휴먼 애널리스트와 AI가 협업하는 하이브리드 리서치 체계를 실제로 도입해 운용하고 있다. UBS는 2025년부터 AI로 생성한 애널리스트 아바타를 활용해 리서치 인사이트를 고객에게 제공하고 있다. 이 시스템은 오픈AI와 신세시아(Synthesia)의 기술을 활용해 휴먼 애널리스트의 분석 내용을 AI가 요약·구성한 뒤, 아바타가 영상으로 전달하는 방식이다.

모든 콘텐츠는 애널리스트의 최종 검토와 승인을 거쳐 배포되며, 이는 품질과 규제 준수를 동시에 확보하는 '휴먼 인 더 루프(human-in-the-loop)' 구조의 대표적 사례다.

JP모건은 자연어 처리와 예측 분석 등 AI 기술을 리서치, 트레이딩, 리스크 관리에 적극 활용하고 있다. AI가 방대한 데이터를 전처리하고, 휴먼 애널리스트와 포트폴리오 매니저가 이를 해석·활용하는 협업 구조를 구축해, 분석 효율성과 의사 결정의 신속성을 크게 높이고 있다. 골드만삭스는 자체 AI 플랫폼을 통해 문서 요약, 데이터 분석, 자동화된 리포트 작성 등 다양한 업무에 AI를 적용하고 있으며, 모든 단계에서 인간의 감독과 검증을 병행하는 것이 원칙이다. 모건스탠리는 오픈AI와 협력해 'AI @ 모건 스탠리 어시스턴트(AI @ Morgan Stanley Assistant)'를 도입, 애널리스트와 자산 관리 전문가가 방대한 내부 지식과 시장 데이터를 AI가 정리한 정보로 신속하게 활용할 수 있도록 지원한다. 이처럼 글로벌 투자 금융사들은 AI가 반복적·정량적 분석과 데이터 처리를 담당하고, 인간은 해석, 내러티브 작성, 전략 수립 등 고부가가치 업무에 집중하는 하이브리드 협업 모델을 실제로 표준화하고 있다(Marvin Labs, 2025).

한국 금융권의 AI-인간 협업 시스템의 현실

한국에서도 AI와 휴먼 애널리스트의 협업 시스템이 빠르게 도입되고 있지만 글로벌 선도사들의 '진정한 하이브리드 체계'와는 차이가 있다. 대표적으로 한국투자증권은 'AIR' 서비스를 통해 AI가 매일 1만8000개 종목의 뉴스를 자동 분석하고, 보고서 초안을 생성한 뒤 휴먼 애널리스트가 이를 검토 · 보완하는 구조를 운영하고 있다. 또한, AI 가상애널리스트 '한지아'는 AI가 생성한 리서치 콘텐츠를 영상 등 다양한 방식으로 투자자에게 전달하지만, 실제 전략적 해석과 의사 결정 과정에서 인간의 역할은 제한적이다.

KB금융, 신한은행, 카카오뱅크 등도 생성형 AI와 자체 금융 특화 언어 모델을 활용해 데이터 분석, 보고서 요약, 맞춤형 상품 추천 등에서 AI와 인간의 협업 시스템을 구축하고 있다.

그러나 이러한 시스템들은 AI가 분석과 초안을 제공하고, 인간이 이를 검증 · 보완하는 '지원 도구'적 성격이 강하다. 글로벌 투자 금융사처럼 AI와 인간이 실시간으로 역할을 분담하고, 데이터 분석 · 예측 · 전략 수립 · 고객 소통 등 전 과정에서 상호 보완적으로 협업하는 '동등한 파트너십' 구조가 완전히 정착된 사례는 아직 드물다.

AI가 인간을 완전히 대체하는 리서치의 미래는 가능한가?

AI가 인간을 완전히 대체하여 독립적으로 리서치 업무를 수행하는 시대가 도래할 것인지는 여전히 불확실하다. 현재 AI는 방대한 데이터 처리, 반복적·정량적 분석, 보고서 초안 작성 등 리서치 업무의 상당 부분을 자동화하고 있으며, 일부 영역에서는 휴먼 애널리스트를 능가하는 예측력과 효율성을 입증하고 있다(Dong, 2024; Marvin Labs, 2025). 특히 대형 언어 모델과 딥러닝 기반 AI는 재무제표 분석, 시장 트렌드 탐색, 투자 의견 요약 등에서 탁월한 성과를 보이고 있다.

그러나 금융 리서치의 본질적 특성상 AI가 인간을 완전히 대체하기에는 구조적 한계가 있다. 첫째, AI는 기존 데이터와 통계적 규칙에 기반해 학습·예측을 수행하지만, 시장의 맥락적 변화, 비정형적 이벤트, 정책 변화, 경영진의 의도 등 복잡한 정성적 해석과 창의적 판단에는 취약하다. 둘째, 데이터의 품질, 입력 범위, 윤리적·사회적 맥락, 규제 이슈 등은 여전히 인간의 경험과 통찰이 요구되는 영역이다. 셋째, AI는 전례 없는 위기나 예기치 못한 변수에 대한 적응력, 창의적 문제 해결 능력, 고객과의 신뢰 구축 등에서 인간에 미치지 못한다.

따라서 AI가 리서치 업무의 상당 부분을 자동화할 수는 있으나 완전한 대체는 현실적으로 한계가 있다. 향후 금융 리서치의 표준은 AI와 인간의 상호 보완적 협업, 즉 하이브리드 모델이 지속적으로 유지될 가능성이 높다 (Dong, 2024; Marvin Labs, 2025).

참고문헌

Dong, G. N.(2024). *Can AI replace stock analysts? Evidence from deep learning financial statements*. SSRN.

Marvin Labs(2025.3.31). Equity research and the role of the equity research analyst in 2025: Evolution in the AI era. https://www.marvin-labs.com/blog/equity-research-in-2025-evolution-in-the-ai-era

Zhou, T. et al.(2024). *FinRobot: AI agent for equity research and valuation with large language models*. arXiv:2411.08804.

박재훈

현재 AI PFM(개인재무관리) 솔루션 기업인 웰스가이드에서 퇴직연금 솔루션 부문을 총괄하고 핀테크 기업인 Core16에서 자산배분모델 자문역을 담당하고 있다. 유안타증권에서 11년간 투자 전략을 담당하며 금융시장 분석과 주식시장 전망 예측 업무를 수행했다(1991~2002). 동양자산운용 주식 운용 팀장(2002~2006), 새마을금고중앙회 투자 전략 팀장(2006~2008)을 거쳐 파인아시아자산운용에서 자산 운용 총괄을 맡아 주식과 채권 운용을 총괄했다(2008~2011). 피데스자산운용의 주식운용본부장으로 국민연금자금 위탁운용을 담당했다. 20년 이상 금융시장 전반의 흐름과 자산 배분 전략, 글로벌 주식 시장에 대한 전문성을 바탕으로 다양한 투자 자문과 운용 실무를 수행해 왔다.